DELICIAS SIN GLUTEN

140 deliciosas recetas naturales para sonreír ante la celiaquía

TERESA TRANFAGLIA

DELICIAS SIN GLUTEN

140 deliciosas recetas naturales para sonreír ante la celiaquía

EDICIONES OBELISCO

Si este libro le ha interesado y desea que le mantengamos informado
de nuestras publicaciones, escríbanos indicándonos qué temas son de su interés
(Astrología, Autoayuda, Ciencias Ocultas, Artes Marciales, Naturismo,
Espiritualidad, Tradición…) y gustosamente le complaceremos.

Puede consultar nuestro catálogo en www.edicionesobelisco.com

Colección Salud y Vida natural
DELICIAS SIN GLUTEN
Teresa Tranfaglia

1.ª edición: abril de 2017
2.ª edición: junio de 2017

Título original: *Golosità senza glutine*

Traducción: *Manuel Manzano*
Corrección: *M.ª Ángeles Olivera*
Diseño de cubierta: *Montse Vilarnau*

© 2008, Macro Edizioni
(Reservados todos los derechos)
© 2017, Ediciones Obelisco, S. L.
(Reservados los derechos para la presente edición)

Edita: Ediciones Obelisco, S. L.
Collita, 23-25 Pol. Ind. Molí de la Bastida
08191 Rubí - Barcelona
Tel. 93 309 85 25 - Fax 93 309 85 23
E-mail: info@edicionesobelisco.com

ISBN: 978-84-9111-208-2
Depósito legal: B-4.391-2017

Printed in Spain

Impreso en España en los talleres gráficos
de Romanyà/Valls, S.A. de Capellades (Barcelona)

A mi hija Chiara

Prólogo

El propósito de este texto es ofrecer a los lectores exquisiteces sin gluten para una alimentación sana, natural y variada presentada a partir de una variedad de recetas que van desde el desayuno hasta los deliciosos postres.

Los productos recomendados son ecológicos, y están disponibles en las tiendas de alimentos naturales.

Sugiero el uso de un robot de cocina para reducir los tiempos de preparación, y que se traten de evitar, si es posible, los utensilios y las ollas con material antiadherente (politetrafluoroetileno).

En las recetas que siguen no están presentes el azúcar blanquilla, las grasas hidrogenadas, la leche de vaca, los productos lácteos y los quesos derivados de la leche de vaca.

Para condimentar los platos sugiero sal rosa del Himalaya y aceite de oliva virgen extra prensado en frío. Para endulzar es preferible el azúcar de caña, la fructosa, la malta cien por cien de arroz o de maíz libre de gluten, el jarabe de agave, la miel o el sirope de arce.

También he dedicado un espacio a los paladares vegetarianos.

Introducción

Se sabe que la intolerancia al gluten comporta a los sujetos afectados y no diagnosticados una multitud de síntomas patológicos que a menudo les complican mucho la vida.

¿Qué es la celiaquía o la intolerancia al gluten?

La celiaquía es una intolerancia permanente a la gliadina y a las proteínas llamadas prolaminas presentes en los cereales enumerados más adelante.

Las prolaminas son responsables, en individuos genéticamente predispuestos, de profundas alteraciones de la mucosa intestinal. La mayoría de las pruebas reunidas en los últimos años apoyan la hipótesis de que la celiaquía es una consecuencia de una respuesta inmune anormal contra la gliadina y las correspondientes prolaminas tóxicas (Dr. R. Troncone. Asociación Celíaca Italiana, 1994).

¿Dónde se encuentra el gluten?

El gluten está presente en los siguientes cereales: trigo duro, trigo blando, farro, kamut, centeno, cebada, avena.

Es necesario que el intolerante lea con atención las etiquetas porque el gluten se puede encontrar en muchos productos alimentarios, tales como cremas, salsas, helados, bebidas, chocolates, embutidos e incluso en algunos fármacos. Algunos productos llevan el símbolo de la espiga cruzada que garantiza la ausencia de gluten.

¿A qué edad se puede descubrir la celiaquía?

¡A cualquier edad!

Muchos todavía piensan que esta condición puede afectar sólo a los niños.

Puesto que la celiaquía es una «respuesta anormal inmune al gluten», pueden aparecer a cualquier edad.

Aparece en individuos genéticamente predispuestos, a los que un desencadenante (ambiental, tóxico, traumático, etc.) activa la condición inmune necesaria para vehicular tal patología.

Muchas personas vagan durante años con la esperanza de solucionar un malestar que no tiene remedio mediante la aplicación de numerosas terapias, y luego, tal vez por casualidad, descubren que son celíacos. Primero termina su deambular y después la eliminación del gluten, con el tiempo, cambian sus vidas.

En los últimos años, la enfermedad afecta a un número creciente de individuos, por lo que casi parece una epidemia.

Existen múltiples hipótesis relativas a las causas que están en la base de la expansión de este fenómeno, que en la actualidad es de «1 habitante por cada 100/150, con una relación mujer-hombre de 2 a 1» (Domenico Lombardi, Departamento de Medicina, Hospital Cristo Rey, Roma. www.gastronet.it).

¿Por qué la celiaquía se está extendiendo?

Algunas hipótesis…

Según se publicó en el periódico alemán *Frankfurter Allgemeine Zeitung,* el 70 % del trigo duro producido en Italia, por ejemplo, es irradiado con neutrones rápidos, rayos gamma y rayos X con el fin de aumentar el tamaño del grano y potenciar su resistencia a la cocción.

Un ingeniero de ENEA revela en una entrevista que durante la década de 1950 se practicaron estas manipulaciones sin el conocimiento del consumidor. De acuerdo a lo manifestado por el Dr. Luciano Pecchiai, director del hospital Buzzi de Milán, el aumento de la alergia al gluten empezó a principios de la década de 1950.

(*Life Gate,* artículo del 14 de enero de 2002).

¿Cuáles son los trastornos atribuibles a una posible celiaquía no diagnosticada?

Son los siguientes:

Anemia resistente al tratamiento con hierro, obesidad, alteración del esmalte dental, astenia a menudo asociada a baja presión arterial, diarrea, estreñimiento, pérdida de audición, distensión y dolor abdominal, tiroiditis, anorexia, náuseas, vómitos, osteoporosis, osteomalacia, calambres y crisis de tetania, edemas periféricos, trastornos neurológicos, neuropatía periférica, migrañas, esquizofrenia, demencia orgánica, epilepsia asociada a calcificaciones intracraneales occipitales, alteraciones dermatológicas, dermatitis herpetiforme, uñas y cabellos quebradizos, lesiones cutáneas, acné, aumento del colesterol, de los triglicéridos, etc.

En las mujeres: trastornos sexuales e infertilidad, menarquia tardía, menopausia temprana, amenorrea, abortos espontáneos recurrentes, partos prematuros.

En los hombres: impotencia, problemas de movilidad y de morfología de los espermatozoides.

Además, muchos estudios muestran la correlación que existe entre la celiaquía no diagnosticada y enfermedades autoinmunes como la artritis reumatoide, la diabetes o la tiroiditis autoinmune (M. Montinari, *Autismo,* Edizioni Macro, Cesena, 2002).

¿Qué pruebas se pueden realizar para determinar el diagnóstico de la celiaquía?

Las pruebas aconsejadas por el protocolo son tanto análisis de sangre como biopsias.

Las pruebas sanguíneas proporcionan la dosificación de:
—Antigliadina (AGA);
—Antiendomisio (EMA);
—Anticuerpos antitransglutaminasa (tTG).

Si las pruebas de anticuerpos resultan positivas, entonces se lleva a cabo una biopsia intestinal endoscópica mediante la que se extrae una muestra de mucosa. La celiaquía se diagnostica cuando se encuentra en el sujeto una morfología «plana» de las vellosidades intestinales.

¿Las pruebas de rutina para la detección de la celíaquía son siempre suficientes para un diagnóstico definitivo?

Por desgracia, no. Sucede, en ciertos casos, que pasan años antes de alcanzar una verificación positiva de anticuerpos o una verificación por biopsia que confirme la evidencia de la celiaquía.

En apoyo al diagnóstico existe una prueba de sangre importante: la tipificación sérica de tejidos genómica HLA de primera clase (A-B-C) y de segunda clase (DR-DQ).

Este estudio confirma, en su segunda clase, la predisposición a través de la presencia de los haplotipos DQ2 y DQ8, específicos de la celiaquía.

Una vez obtenido el diagnóstico de la celiaquía, ¿qué hay que hacer?

Simple: ¡excluir el gluten de la dieta!

¿Cuáles son los cereales que pueden consumir los celíacos?

Son el arroz, el maíz, el mijo, la quinoa, el amaranto y el alforfón.

Es bueno recordar lo que recomienda el gastroenterólogo L. Greco:

Los productos especiales sin gluten, ofrecidos por las farmacias, tienen un papel menor en la dieta del celíaco. [...] De hecho, es muy importante que no nos acostumbremos a vivir con «sustitutivos» [...], en vez de eso debemos desarrollar verdaderas alternativas alimentarias [...] comprar el placer de la alternativa a la pasta y el pan, y no vivir de «falso pan y falsa pasta» (L. Greco, *Vivere felice senza gluten,* AIC Campania, 1999).

En las tiendas de alimentación natural se puede encontrar una amplia gama de productos ecológicos sin gluten, que incluye: cereales integrales, cereales semicocidos, espesantes, pastas, dulces, aperitivos, edulcorantes, levadura, bebidas, helados, yogur, leche vegetal y nata vegetal.

Desayunos

Abreviaturas

cucharada sopera: cs
cucharadita: cc
decilitro: dl

Cappuccino de leche de cabra con avellanas

Ingredientes para 1 persona:

1 taza de leche de cabra, 1 cs de crema de avellanas (100 % de avellana), 2 cs de azúcar moreno.

- Verter en un cazo la leche, la crema de avellanas y el azúcar y calentarlo.
- Remover hasta que alcance el punto de ebullición y apagar el fuego.
- Poner en una batidora durante unos segundos y servir el *capuchino* caliente.

Desayuno del atleta

Ingredientes para 1-2 personas:

3 rebanadas de pan alemán o de otro tipo sin gluten, 1 huevo, una pizca de sal, 1 dl de leche de oveja o de cabra, 2 cs de jarabe de arce, 1 vaso de zumo de naranja recién exprimido, aceite de oliva virgen o margarina vegetal ecológica sin gluten.

- Cascar el huevo, ponerlo en un plato hondo, añadir una pizca de sal y batir.
- Verter la leche y mezclar hasta obtener un color homogéneo.
- Mojar las rebanadas de pan en la preparación y luego freírlas en una sartén con aceite o margarina bien caliente.
- Escurrir las rebanadas en papel de cocina, ponerlas en una bandeja y rociarlas con el jarabe de arce.

Delicia de almendras

Ingredientes para 1-2 personas:
6 cs de arroz blanco bien cocido, 20 almendras, 3 cs de miel, 3 tazas de leche de cabra, ¼ de cc de vainilla ecológica.

• Mezclar las almendras con la leche y la vainilla, a continuación, añadir el arroz y la miel. Incorporar bien, calentar y servir.

Si dispone de un robot de cocina que pica y cuece, puede eleborar la receta con mayor facilidad y rapidez.

Crema de mijo con chocolate y plátano

Ingredientes para 1-2 personas:
5 cs de mijo cocido (*véase* receta en la sección «Primeros platos» en la pág. 69), 1 cs de crema 100 % de avellanas, 5 tacitas de leche de soja ecológica de vainilla, 4 cs de azúcar moreno, 1 cs de cacao amargo biológico, 1 plátano maduro.

• En una cacerola, poner el azúcar y el chocolate, y mezclar.
• Añadir la leche poco a poco, sin dejar de remover.
• Poner al fuego y remover continuamente hasta que comience a hervir.
• Apagar.
• En un robot de cocina o en una batidora, verter el chocolate, la crema de mijo cocido, el plátano y la avellana.
• Batir durante unos segundos y servir.

Crêpes de alforfón

Ingredientes para 3-4 personas:
250 g de harina de alforfón, 2 huevos, 3 cs de aceite de oliva virgen extra, 1 cc de sal marina, 400 ml de leche de soja, una pizca de mejorana.

- Mezclar la harina, los huevos, la leche, el aceite, la sal y la mejorana hasta obtener una pasta suave y muy líquida.
- Dejar reposar al menos durante 1 hora.
- En una sartén aceitada, cocer las *crêpes* por ambos lados.

Para el relleno, se pueden utilizar tanto verduras rehogadas con queso fresco como frutas, miel o jarabe de agave.

Capucha de monje

Ingredientes para 2 personas:
2 tazas de café expreso caliente, 2 cc de crema 100 % de avellanas, 4 cc de azúcar moreno, ½ cc de cacao amargo, nata de soja ecológica en espray.

- En la batidora, verter el café, la crema de avellanas y el azúcar.
- Batir durante 1 minuto y verter la mezcla en 2 tazas.
- Añadir la nata en espray y espolvorear con el cacao amargo en polvo.

Chocolate matutino

Ingredientes para 2 personas:
20 g de harina de arroz, 80 g de harina de almendras, una pizca de sal, 150 g de azúcar moreno, ¼ de cc de vainillina, 2 cs de cacao amargo ecológico, 300 ml de leche de soja.

- Poner en una cacerola la harina, el azúcar, la sal y la vainilla, y mezclar bien.
- Añadir el chocolate y remover.
- Verter la leche poco a poco y sin dejar de remover, para que no se formen grumos.
- Ponerlo al fuego y remover constantemente hasta que comience a hervir.
- Mantener a fuego lento durante 2 minutos más y apagar.

Muesli de copos de arroz

Ingredientes para 1-2 personas:
8 cs de copos de arroz integral, 3 cs de uvas pasas, 1 cc de semillas de sésamo, 1 cc de semillas de girasol, 1 cc de semillas de lino, 1 cs de tajín (mantequilla 100% de sésamo), 2 cs de azúcar moreno, una pizca de sal, 1 taza de agua, 1 taza de leche de cabra, 3 cs de arándanos para añadir como acompañamiento (opcional).

- Poner todos los ingredientes en una cacerola y llevar a ebullición sin dejar de remover.
- Cocinar durante unos 4-5 minutos.
- Verter en un plato hondo y servir con los arándanos.

Crema de quinoa

Ingredientes para 4-5 personas:

1 l de leche de cabra, 6 granos de anís, una pizca de sal, 1 clavo de olor, ½ cc de canela en polvo, ¼ de cc de vainillina ecológica, 200 g de quinoa bien lavada y colada, 200 g de azúcar moreno, 2 cs de nueces picadas, 2 cs de uvas pasas.

La siguiente receta se elebora con quinoa, un vegetal que no tiene gluten.

El valor proteico de la quinoa es comparable al del queso, que contiene un 60 % de carbohidratos y un 11 % de proteínas.

La quinoa es una planta originaria de Sudamérica que pertenece a la misma familia de las espinacas.

Se utiliza desde la época de los incas y de los aztecas.

- En un cazo, verter la leche y añadir la sal, el anís, la canela, la vainillina y el clavo de olor. Llevar a ebullición.
- Añadir la quinoa y cocer durante 20 minutos a fuego lento, agregar el azúcar y las pasas, remover y retirar el clavo de olor.
- Poner la crema en un cuenco y esparcir las nueces.

SALSAS
Y CONDIMENTOS
PARA
REBOZADOS

Bechamel

Ingredientes para 500 g de bechamel

2 cs de harina de arroz semiintegral o blanco, 2 cs de margarina vegetal ecológica sin gluten o 4 cs de aceite de oliva virgen extra, 400 ml de leche de soja o de cabra, una pizca de nuez moscada rallada, 1 cc sal.

• En una sartén, derretir la margarina a fuego lento.
• Añadir la harina y la sal, y mezclar.
• Verter poco a poco la leche hirviendo, y, después, la nuez moscada.
• Llevar a ebullición sin dejar de remover.
• Dejar hervir a fuego lento durante unos minutos hasta obtener una pasta suave.

Pan rallado sin gluten

Ingredientes para 1 taza de pan rallado

10 galletas de arroz blanco, 10 galletas de arroz integral, ½ cc de sal.

• Si tienes galletas de arroz que ya no estén frescas puedes preparar pan rallado con ellas.
• Introducir las galletas en el horno durante 5 minutos a 150 °C.
• Sacarlas y triturarlas en la picadora con una pizca de sal.
• Dejar enfriar y conservar en un frasco de cristal.

Pasta para rebozar

Ingredientes para la pasta:
1 taza de harina de arroz blanco o semiintegral, 1 y ½ taza de agua tibia, 1 cc de *kuzu* (*véase* «la sección fichas informativas» pág. 181), 1 cc de sal.

- Poner la harina, el *kuzu* y la sal en un cuenco, y añadir el agua poco a poco, trabajando los ingredientes con un tenedor, hasta obtener una masa suave y homogénea.

Pesto

Ingredientes para aderezar ½ kg de cereales:
250 g de hojas de albahaca fresca, lavadas y secadas, ½ taza de aceite de oliva virgen extra, 1 cs de piñones o de nueces, sal al gusto.

- Poner los ingredientes en la picadora y triturar hasta obtener una mezcla homogénea.
- Verter el contenido sobre el cereal que se desea sazonar.

Evitar conservar esta salsa. Está deliciosa si se consume inmediatamente.

Gomasio

En japonés, goma *significa «sésamo», y* shio *«sal».*

El gomasio es el resultado de mezclar sésamo con sal. Es un condimento para verduras y cereales, pero también se utiliza para aliviar los dolores de cabeza y como antiácido. Es rico en calcio y otros minerales.

La proporción entre sésamo y sal oscila de acuerdo con la salud y la edad de la persona que lo consume. Para niños y personas débiles, la proporción recomendada es de 1 parte de sal por 20 de sésamo. Para adultos, la proporción recomendada es de 1 parte de sal por 10 o 12 de sésamo.

El gomasio ya puede encontrarse en las tiendas de alimentos naturales. Pero si se desea preparar en casa aquí está la receta:

- Lavar bien el sésamo en un colador de trama muy densa.
- Escurrir muy bien.
- Verter en una sartén de hierro colado o de fondo muy grueso y calentar un poco.
- Tostar las semillas de sésamo a fuego muy lento y remover continuamente hasta que al tocarlo con los dedos ya no se note humedad y las semillas empiecen a crepitar.
- Poner las semillas de sésamo en una servilleta o un trapo limpio y dejar que se enfríen.
- Verter en la sartén la sal rosa del Himalaya y dejar que se tueste hasta que se empiece a desprender olor a cloro.
- Poner también la sal en una servilleta o un trapo limpio y dejar que se enfríe.
- Verter el sésamo y la sal en el *suribachi* (recipiente con estrías) y con la *maja* (mazo de madera para moler) triturar

y amasar los dos ingredientes. También de pueden triturar en la picadora eléctrica.

Conservar el gomasio en un frasco de vidrio durante aproximadamente no más de 20 días.

ENTRANTES

Alcachofas al parmesano

Ingredientes para 4 personas:
30 corazones de alcachofa al vapor durante 10 minutos, 800 g de tomate triturado, 2 dientes de ajo picado, 20 hojas de albahaca lavadas y picadas, 5 cs de queso rallado, sal al gusto, aceite de oliva virgen extra.

Preparación de la salsa de tomate:
* En una sartén, verter un chorro de aceite y el ajo, y rehogar durante unos minutos.
* Retirar del fuego, reservar y verter el tomate y la sal en la sartén.
* Ponerlo de nuevo en el fuego y cocinar a fuego medio de 15 a 20 minutos.

Preparación
* Verter 1 o 2 cucharones de salsa de tomate en el fondo de una bandeja refractaria.
* Cubrir la salsa con una capa de corazones de alcachofas cortados por la mitad y esparcir por encima un poco de ajo, unas hojas de albahaca, 1 cs de queso y un poco de salsa de tomate.
* Continuar este proceso hasta que se utilicen todos los ingredientes.
* Poner una última capa generosa de salsa de tomate.
* Introducir en el horno precalentado a 200 °C durante unos 40 minutos.
* Retirar del horno, dejar enfriar y servir.

Flores de calabacín rebozadas

Ingredientes para 3-4 personas:
Pasta para rebozar (*véase* receta en la sección de «Salsas y Condimentos para rebozados» de la pág. 28), 100 g de flores de calabacín limpias y lavadas, aceite para freír.

- Poner las flores de calabacín en la pasta para que se empapen bien.
- Sacarlas y freír en una sartén con aceite caliente.
- Cuando estén doradas, sacarlas, escurrirlas en papel de cocina y servir.

Coliflor rebozada

Ingredientes para 3 personas:
1 coliflor pequeña cocida al vapor, pasta para rebozar (*véase* receta en la sección «Salsas y Condimentos para rebozados» de la pág. 28), 1 huevo, sal al gusto, pimienta negra, aceite de oliva virgen extra para freír.

- Cortar la coliflor en trozos, sumergir una pieza cada vez en la pasta, en la que también se debe mezclar el huevo y freírla en aceite caliente.
- Continuar hasta que esté frita toda la coliflor.
- Escurrirla en papel de cocina, salpimentar y servir.

Vegetales crudos con salsa de queso feta

Ingredientes para salsa para 6 personas:
200 g de queso feta griego, aceite de oliva virgen extra, 1 diente ajo picado, ¼ de cc de pimentón picante, perejil lavado y picado, 1 cs de gomasio, el zumo de ½ limón, ½ cc de sal.

• Mezclar bien los ingredientes en un cuenco.
• Verter la salsa en las verduras peladas, cortadas y lavadas.

Aconsejo los siguientes vegetales crudos: apio, rábano, puerro, tomate para ensalada (no demasiado maduro), hinojo, cebolla, col o lombarda, zanahoria, endivia, calabacín.

Borrajas fritas

Ingredientes para 4 personas:
8 hojas de borraja de tamaño medio, pasta para rebozar (*véase* receta en la sección de «Salsas y Condimentos para rebozados» de la pág. 28), aceite para freír, pimienta.

• Lavar y secar las hojas de borraja. Empaparlas en la pasta para rebozar y freírlas inmediatamente por ambos lados con abundante aceite caliente.
• Escurrirlas en papel de cocina.
• Sazonar con pimienta.

Las borrajas tienen que quedar muy crujientes.

Rollo de endivia roja

Ingredientes para el rollo:
1 hoja grande de endivia roja lavada y secada, 80 g de queso ricotta de oveja, unas cuantas alcaparras desaladas, 1 cc de semillas de girasol, 1 nuez, 1 rábano cortado en rodajas finas, pimentón, sal al gusto.

- Poner los ingredientes en un cuenco y mezclar bien.
- Poner en el centro de la hoja de endivia la mezcla preparada.
- Envolver la endivia y cerrarla con un palillo.
- Colocar el rollo en una bandeja de servir.
- Verter sobre la superficie un poco de miel y espolvorear con una pizca de pimentón picante.

Sepia y gambas con verduras

Ingredientes para 4 personas:
1 plato de grelos cocidos al vapor, 200 g de gambas peladas y cocidas al vapor durante 8 minutos, 3 calamares pequeños lavados y cortados en tiras y cocidos al vapor durante 15 minutos, 1 diente de ajo picado, el zumo de 1 limón, 5 cs de aceite de oliva virgen extra, sal al gusto, ¼ de cc de pimentón picante, unos cuantos gajos de limón para decorar.

- Poner los ingredientes en una ensaladera, mezclar y servir con gajos de limón para decorar.

El plato se come caliente.

Pizza de mijo con patatas y espinacas

Ingredientes para 4 personas:
2 ½ tazas de mijo cocido, (*véase* receta en la sección «Primeros platos» de la pág. 69), 2 patatas cocidas y en puré, ½ taza de espinacas cocidas y bien escurridas, 1 cs de sal, 1 cs de margarina vegetal ecológica sin gluten, una pizca de nuez moscada rallada, 2 cs de semillas de sésamo, 1 huevo entero y 1 yema de huevo, 2 cs de queso de oveja rallado.

- Salar las patatas, añadir las espinacas picadas, la margarina, la nuez moscada y los huevos, mezclar y agregar el mijo.
- Incorporar bien los ingredientes y agregar las semillas y el queso de oveja.
- Engrasar una fuente refractaria y verter la preparación.
- Hornear a 180-200 °C durante unos 40 minutos.
- Retirar del horno, dejar enfriar y servir la pizza en trozos con un poco de jengibre o pimienta negra.

Buñuelos rústicos

Ingredientes para el relleno:
300 g de ricotta de oveja, 100 g de queso de oveja rallado, 80 g de *bresaola* sin gluten cortada en dados de unos 3 mm de grosor, 2 cs de perejil picado, pimienta negra, sal al gusto, miel de acacia para la decoración, avellanas trituradas y sal para la decoración.

Preparar los buñuelos como se indica en la receta en la sección de «Dulces» de la pág. 160.

- Poner los ingredientes del relleno en un cuenco y mezclar bien.
- Cortar los buñuelos por la mitad y rellenar con la mezcla del cuenco.
- Cubrir los buñuelos con la otra mitad y colocarlos en una fuente de servir.
- Pincelarlos con miel calentada al baño maría y decorar con las avellanas picadas.

Verduras a la plancha y en salsa traviesa

Ingredientes para la salsa para 6 personas:

10 cs de aceite de oliva virgen extra, 10 hojas de albahaca lavadas, secadas y picadas, perejil seco lavado y picado, ¼ de cc de orégano, 20 avellanas picadas, ¼ de cc de pimentón picante, 1 pimiento verde dulce, lavado y picado, 1 diente de ajo picado, 1 cs de vinagre de sidra de manzana, sal al gusto.

Se pueden utilizar varias verduras: berenjena, pimiento, cebolla, calabacín, calabaza, tomate, patata, rábano, hinojo, col, escarola, etc.

- Poner todos los ingredientes en un cuenco y mezclar bien.
- Pelar, lavar y cortar las verduras en rodajas de aproximadamente 1 cm de grosor.
- Ponerlas en la parrilla y cocinarlas por ambos lados.
- Colocarlas en una fuente de servir y añadir por encima la salsa.

Gratinado de calabacín y chanquetes

Ingredientes para 4 personas:
300 g de chanquetes, 3 calabacines medianos, 1 diente de ajo, 3 cs de aceite de oliva virgen extra, sal al gusto, pimienta negra (opcional), pan rallado sin gluten (*véase* receta en la sección «Salsas y Condimentos para rebozados» de la pág. 27).

- Lavar y limpiar los calabacines.
- Cortarlos en dados, añadirles el ajo y ponerlos en una sartén de acero, que después se pueda introducir en el horno.
- Cocinar a fuego fuerte, removiendo constantemente, hasta que el calabacín se dore un poco. Salarlo.
- Apagar el fuego y añadir los chanquetes bien lavados y escurridos, extendiéndolos sobre el calabacín.
- Espolvorear la superficie con el pan rallado sin gluten.
- Hornear durante 10 minutos a 200 °C, luego pasarlos de nuevo por la sartén durante 5 minutos, hasta obtener una corteza crujiente.
- Retirar del fuego y agregar una pizca de pimienta.

ENSALADAS

Ensalada blanca

Ingredientes para 2 personas:

1 escarola, 1 apio, 3 hinojos, 1 puerro, 2 cs de piñones, el zumo de 1 limón, aceite de oliva virgen extra al gusto, sal al gusto.

* Pelar y lavar las verduras y picarlas finamente.
* Ponerlas en un cuenco, añadir los piñones y aderezar.
* Mezclar bien y servir.

Ensalada de coliflor

Ingredientes para 3 personas:

1 coliflor pequeña hervida, 10 aceitunas verdes deshuesadas, 20 aceitunas negras de Gaeta sin hueso, 3 anchoas, 1 cebolla, 1 apio, 2 pimientos rojos encurtidos en vinagre de sidra de manzana, 4 cs de aceite de oliva virgen extra, sal al gusto.

* Lavar muy bien las anchoas, cortarlas en trozos pequeños y ponerlas en la ensaladera junto con las verduras peladas, lavadas y cortadas en trozos.
* Pelar los dos pimientos encurtidos y pasarlos bajo el grifo antes de cortarlos finamente y añadirlos a los demás ingredientes.
* Agregar la coliflor, aderezar con aceite y sal, remover y servir.

Ensalada de brotes de soja

Ingredientes para 2 personas:
100 g de brotes de soja, 1 lechuga tierna, 1 manojo de berros, 4 tomates pequeños para ensalada (no demasiados maduros), 1 cs de vinagre de sidra de manzana, 3 cs de aceite de oliva virgen extra, sal al gusto.

- Lavar los brotes de soja y ponerlos en una ensaladera junto con la lechuga cortada fina, los tomates en rodajas y los berros en tiras.
- Sazonar y servir.

Los brotes de soja también se pueden cocer al vapor durante 1 o 2 minutos.

Ensalada de lombarda

Ingredientes para 2 personas:
1 lombarda pequeña, 2 cs de nueces, 2 cs de semillas de sésamo, 1 cs de semillas de lino, 1 manzana roja, 100 g de queso de oveja cortado en dados, 5 hojas de menta, una pizca de orégano, aceite de oliva virgen extra al gusto, sal al gusto, 3 cs de vinagre de sidra de manzana.

- Pelar, lavar y cortar la col en juliana muy fina y la manzana en dados pequeños.
- Añadir el queso, las nueces, las semillas y las especias, y aderezar.
- Mezclar y servir.

Ensalada de pastor

Ingredientes para 4 personas:
400 g de judías verdes finas hervidas, 4 tomates para ensalada (no demasiado maduros), 100 g de queso de oveja cortado en dados, 100 g de queso ricotta de oveja, 6 rábanos, 3 cebolletas, 10 hojas de albahaca, 1 diente de ajo, 2 cs de semillas de sésamo, 2 cs de pipas de girasol peladas, aceite de oliva virgen extra al gusto, sal al gusto, 2 cs de vinagre de sidra de manzana.

• Pelar y lavar las verduras y cortarlas en trozos pequeños.
• Poner las judías en una ensaladera y añadir el ajo picado, las cebollas, los rábanos, la albahaca, los tomates, el queso y las semillas.
• Aderezar, remover y, antes de servir, poner con cuidado la ricotta en rodajas encima de la ensalada.
• Servir.

Ensalada de maíz y hortalizas

Ingredientes para 2 personas:
200 g de maíz ecológico hervido, 2 endivias, 3 rábanos, 1 pimiento amarillo, 10 aceitunas negras deshuesadas, 1 manojo de rúcula, 3 cs de aceite de oliva virgen extra, sal al gusto, 2 cs de vinagre de arroz.

• Pelar, lavar y cortar en trozos pequeños todas las verduras.
• Ponerlas en una ensaladera y añadir el maíz escurrido.
• Aderezar, remover y servir.

Ensalada de patatas, semillas y aceitunas

Ingredientes para 3 personas:
4 patatas hervidas y peladas, 4 tomates no muy maduros, 1 puerro, 1 escarola, 1 zanahoria, 1 apio, 4 cs de semillas de calabaza, 15 aceitunas negras de Gaeta deshuesadas, aceite de oliva virgen extra al gusto, sal al gusto, una pizca de orégano, 1 diente de ajo picado.

- Pelar, lavar y cortar en trozos pequeños las patatas y las verduras.
- Poner todo en una ensaladera, agregar las semillas de calabaza, las aceitunas, el orégano y el ajo picado.
- Aderezar, remover y servir.

Ensalada de corazones de alcachofa

Ingredientes para 2 personas:
12 corazones de alcachofas tiernas, 1 tallo de apio, 6 rabanitos, 2 zanahorias, 100 g de atún al natural, 10 aceitunas negras de Gaeta deshuesadas, 3 cs de aceite de oliva virgen extra, sal al gusto, el zumo de 1 limón.

- Pelar, lavar y cortar en trozos pequeños tanto los corazones de alcachofa como las demás hortalizas.
- Poner en una ensaladera y añadir las aceitunas y el atún.
- Aderezar, remover bien y servir.

Ensalada de legumbres y hortalizas

Ingredientes para 2-3 personas:
1 endivia lavada y cortada en trozos, 200 g de alubias cocidas, 2 cebolletas, 1 zanahoria lavada y cortada en tiras finas, 1 cc de alcaparras, 15 aceitunas negras de Gaeta deshuesadas, 3 rábanos pelados y lavados, 1 pimiento amarillo cortado en tiras, 4 cs de aceite de oliva virgen extra, sal al gusto, 2 cs de vinagre de sidra de manzana.

* Poner en una ensaladera las hortalizas lavadas y cortadas, y añadir las alcaparras bien desaladas, las aceitunas y las alubias.
* Aderezar, remover y servir.

PRIMEROS PLATOS

Cocción del arroz integral

Ingredientes para 3 personas:
1 taza de arroz integral, 2 ½ tazas de agua, 1 cc de sal.

- Lavar bien el arroz, poner en una cacerola con sal y añadir el agua.
- Cubrir la cacerola y poner al fuego.
- Cuando alcance el punto de ebullición, separar un poco la tapa y bajar el fuego al mínimo.
- Cocer durante unos 50 minutos, hasta que el agua se haya evaporado completamente.

Nunca se debe remover el arroz mientras se cuece.

Cocción de arroz semicocido

Ingredientes:
2 tazas de agua por cada taza de arroz, 1 cc de sal.

- Llevar a ebullición, bajar el fuego, tapar ligeramente y cocer de 35 a 40 minutos sin remover.

Arroz con gambas y calabacín

Ingredientes para 4 personas:
700 g de arroz blanco cocido, 6 calabacines, 300 g de gambas peladas, 5 cs de aceite de oliva virgen extra, sal al gusto, 1 diente de ajo, perejil picado.

- Lavar el calabacín y cortarlo en dados muy pequeños.
- Verter el aceite en una sartén grande y freír el ajo durante 2 minutos, añadir el calabacín y cocinar a fuego medio-alto con sal de 10 a 15 minutos.
- Remover de vez en cuando para evitar que se peguen a la sartén.
- Mientras tanto, cocer las gambas al vapor durante unos 8 minutos, luego agregarlas a los calabacines, poner el arroz en la sartén y mezclar bien los ingredientes.
- Servir con abundante perejil picado.

Arroz con queso de cabra

Ingredientes para 6 personas:

800 g de arroz semicocido, 3 yemas de huevos frescos, 8 cs de queso de cabra rallado, 1 bote de nata de soja libre de gluten, una pizca de nuez moscada, 1 cs de pan rallado sin gluten por persona (*véase* receta en la sección «Salsas y Condimentos para rebozados» pág. 27), sal al gusto, pimienta, una pizca de perejil picado.

- Cascar los huevos y poner las yemas en un cuenco; agregar la sal, el queso, la nuez moscada y batir.
- Añadir la nata de soja y trabajar la mezcla durante unos minutos hasta obtener una crema homogénea.
- Verter el arroz hirviendo en el recipiente e incorporar bien.
- Servir con pan rallado, pimienta y perejil.

Arroz de mar

Ingredientes para 8 personas:
700 g de arroz blanco tailandés cocido, 500 g de pulpo fresco y limpio, 500 g de calamar fresco y limpio, 500 g de sepia fresca y limpia, 300 g de gambas frescas peladas, aceite de oliva virgen extra, el zumo de 3 limones, 1 diente de ajo picado, una pizca de perejil picado, pimienta, sal al gusto.

- Poner el pulpo en una cacerola y cubrir con agua; llevar a ebullición, bajar el fuego y cocer durante 30 minutos.
- En otra cacerola, poner la sepia y el calamar, cubrir con agua y hervir durante 30 minutos a fuego lento.
- Cocer al vapor las gambas durante 8 minutos.
- Dejar enfriar el pescado, cortar en trozos pequeños (a excepción de las gambas) y colocar en un recipiente grande.
- Añadir el arroz y aderezar con el aceite, la sal, el limón, el ajo y el perejil.
- Servir el plato caliente con un poco de pimienta.

Arroz con setas *shiitake*

Ingredientes para 4 personas:
700 g de arroz semicocido, 6 setas *shiitake*, 1 trozo de alga *wakame* (opcional), 1 diente de ajo, una pizca de perejil picado, 1 zanahoria cortada en juliana, 6 tomates maduros pequeños, 5 cs de aceite de oliva virgen extra, sal al gusto, 1 guindilla.

- Dejar en remojo durante 30 minutos el alga *wakame* y las setas *shiitake* (normalmente se encuentran secas).
- Retirar el tallo de las setas y cortarlas en trozos pequeños; hacer lo mismo con las algas.
- Pelar el ajo, cortarlo, ponerlo en una sartén con el aceite de oliva y freírlo durante 2 minutos.
- Añadir los tomates lavados y cortados, las setas, las algas y la zanahoria, y cocinar durante 20 minutos.
- Agregar la sal y proseguir con la cocción durante unos 5 minutos más.
- Agregar el arroz y mezclar bien los ingredientes.
- Antes de servir, espolvorear con el perejil picado y la guindilla picada muy fina.

Arroz con tofu y nueces

Ingredientes para 4 personas:
700 g de arroz integral cocido, 1 trozo de tofu blanco fresco, 1 cs de alcaparras saladas, 1 anchoa, 20 nueces, 8 cs de aceite de oliva virgen extra, 1 diente de ajo, una pizca de perejil picado, guindilla al gusto.

- Cocer al vapor el tofu blanco durante 10 minutos.
- Lavar bien las alcaparras y la anchoa.
- Triturar en la picadora el tofu, las alcaparras, la anchoa y las nueces.
- En una cacerola, verter el aceite, añadir el ajo y rehogar durante 2 minutos.
- Agregar el arroz y los demás ingredientes.
- Mezclar bien e incorporar la guindilla picada muy fina.
- Servir el plato con perejil picado espolvoreado por encima.

Arroz con flores de calabacín

Ingredientes para 4 personas:
700 g de arroz integral cocido, 200 g de flores de calabacín frescas, 2 cebolletas, 5 cs de aceite de oliva virgen extra, sal al gusto, 2 cs de queso rallado de oveja, pimienta.

• Lavar las flores de calabacín y pelar la cebolla.
• Cortar las cebollas en trozos medianos y ponerlas en el fondo de una cazuela.
• Añadir el aceite y las flores de calabacín, una pizca de sal y 2 tazas de agua.
• Cocer durante unos 15 minutos a fuego medio, agregar más agua si fuera necesario.
• Verter el arroz ya cocido y mezclar a fuego medio de 2 a 3 minutos.
• Servir con un poco de queso de oveja rallado y un poco de pimienta espolvoreados por encima.

Fusili con huevas de mújol

Ingredientes para 2-3 personas:
1 paquete de *fusili* de maíz, 4 cs de aceite de oliva virgen extra, 1 cs colmada de huevas de mújol, una pizca de perejil picado, 1 diente de ajo, 1 guindilla.

- Mientras se hierve la pasta en agua con sal, en una sartén, saltear el ajo en el aceite.
- Escurrir la pasta y ponerla a la sartén con el ajo y un chorrito de aceite y añadir la cucharada de huevas de mújol.
- Mezclar bien los ingredientes, espolvorear con el perejil y la guindilla picada muy fina y servir.

Polenta

Ingredientes para 2-3 personas:
250 g de polenta instantánea precocida, 1 l de agua, 1 cs rasa de sal.

Cocción de la polenta ecológica instantánea:
- Salar y llevar a ebullición el agua.
- Retirar la cacerola del fuego.
- Verter lentamente la polenta, removiendo bien para evitar que se hagan grumos.
- Poner al fuego y llevar a ebullición durante unos segundos, sin dejar de remover, hasta que la polenta esté lista.
- Verter sobre una tabla de madera y dejar que se endurezca antes de servirla al gusto.

Cocción de la polenta fina
Ingredientes para 8 personas:
500 g de sémola de maíz, 1,5-2 l de agua, sal.

- Verter la sémola en una olla con agua hirviendo con sal y mezclarla con una batidora; a continuación, proseguir la cocción de 20 a 30 minutos más, sin dejar de remover, para evitar que la sémola se pegue.
- Tapar la olla con un plato cubierto con un trapo limpio y verter encima el contenido sin quitar la olla: de esta manera la polenta mantendrá la forma del recipiente.
- La polenta fría, cortada en rodajas, se puede dorar en una sartén o calentar con una salsa.

✂

Lasaña de polenta

Ingredientes para 8 personas:

Para la polenta:
500 g de harina de polenta instantánea ecológica, 2 l de agua, sal.

Para la salsa de tomate:
1 ½ kg de tomates pelados y tamizados, 1 diente de ajo, 8 cs de aceite de oliva virgen extra, sal al gusto.

Para las albóndigas:
300 g de carne picada, 6-7 cs de mijo cocido, 2 cs de queso de oveja rallado, sal al gusto, 2 huevos, una pizca de perejil picado, 1 diente de ajo picado.

Para completar el relleno de la lasaña:
20 hojas de albahaca, 8 cs de queso de oveja, 600 g de queso ricotta, pimienta.

Polenta:
• Proceder como se describe en la receta de polenta anterior.

Salsa de tomate:
• Saltear el ajo en el aceite durante 2 minutos y agregar el tomate tamizado y la sal.
• Hornear de 15 a 20 minutos.

Albóndigas:
• Mezclar bien los ingredientes.

- Formar con las manos pequeñas bolas y freírlas en aceite caliente.

Finalización de la lasaña:

- Preparar la polenta con agua y sal (*véase* receta anterior de polenta), dejar enfriar sobre una superficie de trabajo y luego cortarla en tiras de 1 cm de grosor.
- Verter en un molde para hornear una cantidad de salsa de tomate suficiente para cubrir el fondo.
- Poner la salsa sobre las tiras de polenta, agregar la ricotta, el queso rallado, la albahaca y las albóndigas.
- Agregar con más salsa de tomate, albahaca y pimienta.
- Seguir haciendo capas de lasaña. La última capa debe estar compuesta únicamente por tiras de polenta cubiertas por salsa de tomate.
- Hornear a 250 °C durante unos 40 minutos.
- Retirar del horno, esperar unos minutos para que se enfríe y servir.

Pasta *cavatelli* de arroz en salsa de tomate

Ingredientes para 3 personas:
125 g de harina de arroz integral molida fina, 125 g de harina de arroz blanco, una pizca de sal, 1 chorrito de aceite de oliva virgen extra, 200 ml de agua, 1 puñado de harina de arroz blanco que se utilizará para la masa, si es demasiado suave, para ayudar a preparar los *cavatelli*.

- Poner el agua en una olla, agregar la sal y el aceite, y llevar a ebullición.
- Apagar el fuego, añadir las harinas y remover vigorosamente para evitar que se formen grumos.
- Poner la masa sobre una superficie de trabajo.
- Dejar enfriar 3 minutos y luego amasar de nuevo con fuerza para obtener una mezcla homogénea, espolvorear la pasta con harina de arroz blanco si está demasiado suave y si va a pegarse a la superficie de trabajo.
- Con la masa, formar una pieza de 20-25 cm de largo y cortarla en trozos de 5 cm.
- Trabajar cada uno de los trozos de masa de 5 cm tratando de formar una pieza similar a una barrita de pan.
- A continuación, cortar la barrita en trozos de aproximadamente 1 cm y colocarlos en una superficie cubierta de harina de arroz.
- Continuar esta operación hasta acabar toda la masa.
- A continuación, ahuecar una a una las piezas de pasta de 1 cm, mediante una suave presión con el dedo pulgar.
- Poner los *cavatelli* obtenidos en una superficie cubierta de harina de arroz blanco.

Salsa de tomate:

Ingredientes para la salsa de tomate:
600 g de tomate triturado, 1 diente de ajo, 4 cs de aceite de oliva virgen extra.

- Freír el ajo en el aceite durante 2 minutos y luego añadir los tomates y la sal.
- Cocinar de 15 a 20 minutos; luego retirar del fuego.

Finalización del plato

Ingredientes para completar el plato:
2 cc de queso de oveja rallado, 8 hojas de albahaca fresca, pimienta.

- Poner al fuego una cacerola grande con agua y sal.
- Tan pronto como el agua comience a hervir, agregar los *cavatelli*.
- Cocer pocos *cavatelli* cada vez, para evitar que se peguen. El tiempo de cocción es de 8 a 10 minutos.
- Sacarlos del agua hirviendo con la ayuda de un colador y pasarlos durante unos segundos bajo el grifo.
- Continuar este proceso hasta que estén cocidos todos los *cavatelli*.
- Ponerlos en una fuente y verter encima la salsa de tomate, la albahaca, el queso y la pimienta.
- Servir.

Tallarines con achicoria y pavo

Ingredientes para 6 personas:
1 achicoria redonda, 1 puerro, 6 tomates pequeños, 7 cs de aceite de oliva virgen extra, 1 trozo pequeño de apio, 2 paquetes de fideos de maíz, 1 filete de pavo sin gluten de 100 g en rodajas, sal al gusto, 3 cs de queso de cabra, pimienta.

- En una sartén, poner el puerro y el apio cortados en trozos pequeños, 2 tazas de agua y una pizca de sal.
- Cocer hasta que el puerro se reblandezca.
- Cuando el agua se haya evaporado, añadir el aceite, los tomates bien lavados y picados, una pizca de sal y la achicoria, también lavada y cortada en juliana fina.
- Rehogar durante 5 minutos y luego agregar 1 taza de agua.
- Proseguir la cocción durante otros 10 minutos. Por último, incorporar el pavo cortado en dados pequeños y apagar el fuego.
- Aparte, hervir los tallarines en agua con sal.
- Cuando estén listos, escurrirlos y añadirlos a la sartén con la achicoria.
- Mezclar bien todos los ingredientes, agregar el queso de cabra y la pimienta, y servir.

Pasta *strozzapreti* con ragú de verduras

Ingredientes para **strozzapreti** *para 4 personas:*
1 kg de espinacas lavadas, cocidas y bien escurridas, 300 g de queso ricotta de oveja, 3 huevos, 150 g de queso rallado, una pizca de nuez moscada rallada, 100 g de harina de alforfón (para mezclar y formar con las manos los *strozzapreti* antes de hervirlos en agua).

- Poner en un cuenco las espinacas picadas, la ricotta, el queso rallado, los huevos, la nuez moscada y un poco de sal, y mezclar muy bien.
- Poner una olla al fuego con agua y sal para cocer los *strozzapreti.*

Con una cuchara sopera, tomar un poco de la mezcla del cuenco, formar bolas con la harina de alforfón y colocarlas en un plato pequeño. Cuando estén todas listas, introducir en la olla de agua hirviendo unos 3 o 4 *strozzapreti* cada vez. La cocción debe ser rápida: en 1 o 2 minutos los *strozzapreti* están listos.

Ragú de verduras

Ingredientes para la salsa:
200 g de verduras picadas: cebolla, zanahoria, apio, 6 cs de aceite de oliva virgen extra, 800 g de tomate triturado, sal al gusto.

- En otra sartén, verter el aceite, 3 cs de agua y las verduras trituradas. Cocer 4 o 5 minutos a fuego medio, y, a continuación, añadir el tomate triturado y la sal.

- Cocinar el ragú de verduras durante 20 minutos.

Finalización del plato

Ingredientes para completar el plato:
10 hojas de albahaca fresca, 4 cc de queso de oveja rallado, pimienta.

- Verter en una bandeja de servir un poco de la salsa preparada, disponer por encima los *strozzapreti,* rociar con el ragú vegetal restante, añadir el queso, la pimienta y la albahaca fresca, y servir.

Espaguetis con ajo, aceite y pan rallado

Ingredientes para 4 personas:

1 ½ paquete de espaguetis de arroz o de maíz, 6 cs de aceite de oliva virgen extra, 1 diente de ajo, 1 guindilla, 3 cs de pan rallado sin gluten (*véase* receta en la sección «Salsas y Condimentos para rebozados» de la pág. 27), una pizca de perejil picado.

- Cocer los espaguetis en una olla con abundante agua y sal.
- En una sartén, poner el aceite de oliva y freír la guindilla y el ajo.
- Cuando los espaguetis estén listos, escurrirlos y verterlos en la sartén con la salsa, añadir el pan rallado, mezclar bien, espolvorear con el perejil picado y servir.

Macarrones a la *caprese*

Ingredientes para 6 personas:
500 g de macarrones de maíz ecológicos, 800 g de tomate triturado, 20 hojas de albahaca, 1 diente de ajo, 100 g de queso
de cabra, sal al gusto, pimienta, 2 cs de queso rallado, 5 cs de
aceite de oliva virgen extra.

- Preparar la salsa de tomate dorando el ajo en una cazuela
  con el aceite 2 o 3 minutos, añadir el tomate triturado, un
  poco de sal, dejar cocer a fuego medio de 15 a 20 minutos,
  y apagar el fuego.
- Cocer los macarrones en agua hirviendo con sal durante unos 8 minutos, escurrirlos y ponerlos en un cuenco
  grande.
- Cortar el queso en dados pequeños y ponerlos en el cuenco.
- Añadir la salsa de tomate y la albahaca.
- Mezclar muy bien, agregar una pizca de pimienta y el queso de oveja rallado, y servir.

Cocción del mijo

Ingredientes para 3 personas:
1 taza de mijo, 3 tazas generosas de agua, 1 cc rasa de sal.

• Lavar el mijo muy bien y ponerlo en una cazuela con agua y sal.
• Poner la cazuela a fuego fuerte y, cuando empiece a hervir, bajar el fuego y retirar un poco la tapa de la cazuela (nunca remover). El mijo tiene un tiempo corto de cocción, de 30 a 35 minutos. Cocer hasta que toda el agua se haya evaporado.

Una vez cocido, puede utilizarse de muchas maneras: es ideal para rellenos, para preparar pasteles, empanadas, croquetas, cremas y diversos platos salados.

El mijo es el único cereal básico, así que es muy recomendable para aquellos que sufren de acidez y problemas enzimáticos.

Mijo con grelos

Ingredientes para 2 personas:
1 taza de mijo cocido, 1 plato colmado de grelos cocidos, 1 diente de ajo, 1 guindilla, 3 cs de aceite de oliva virgen extra, 2 cs de semillas de sésamo tostadas, sal al gusto.

- En una sartén, verter el aceite y freír el ajo picado durante 2 minutos; añadir la guindilla picada y los grelos.
- Cocer a fuego fuerte durante 4 o 5 minutos.
- Agregar el mijo y mezclar bien los ingredientes.
- Saltear 3 o 4 minutos, apagar el fuego, rectificar de sal, espolvorear las semillas de sésamo y servir.

Mijo con alcachofas

Ingredientes para 2 personas:
1 taza de mijo cocido, 1 plato colmado de corazones de alcachofa hervidos al vapor, 1 diente de ajo, 1 guindilla, 3 cs de aceite de oliva virgen extra, 2 cs de queso de oveja rallado, sal al gusto.

- En una cacerola, freír el ajo en aceite durante 2 minutos.
- Añadir los corazones de alcachofa y la guindilla.
- Cocinar a fuego fuerte durante 6 o 7 minutos.
- A continuación, agregar el mijo y remover bien todos los ingredientes.
- Saltear durante 3 o 4 minutos.
- Apagar el fuego, rectificar de sal, espolvorear el queso rallado y servir.

Cocción del amaranto

Ingredientes para 3 personas:
1 taza de amaranto, 3 tazas de agua, 1 cc de sal.

- Lavar el amaranto y escurrirlo.
- Ponerlo en una olla con el agua y la cucharada de sal. Hervirlo durante 30 minutos (20 minutos si se usa una olla a presión).

El sabor es agradable y dulce; recuerda a las avellanas. Los granos también se pueden dorar en una sartén con un poco de aceite, como las palomitas de maíz.

Los granos de amaranto hervidos tienden a adherirse y formar una masa gelatinosa. Para evitarlo es recomendable cocinar el amaranto con otros cereales (como mijo o arroz). El porcentaje de amaranto recomendado es del 15 al 20 %. De este modo, mejorará el sabor y el valor nutricional.

Ñoquis de amaranto al pesto

Ingredientes para 4 personas:
300 g de amaranto cocido, 4-6 cs de harina de arroz blanco,
4 patatas cocidas, una pizca de nuez moscada rallada, una
pizca de perejil picado, 1 ajo picado, sal al gusto, 2-3 cs de
pesto por persona (*véase* receta en la sección «Salsas y Condimentos para rebozados» pág. 28), 1 cc de queso de oveja rallado por persona, pimienta.

* Añadir al amaranto cocido la harina de arroz blanco, las
  patatas en puré, la nuez moscada, una pizca de perejil y el
  ajo picado.
* Probar y rectificar de sal.
* Formar con las manos bolas redondas de masa hervida.
  Cocinar en agua hirviendo con sal solo 2 o 3 de prueba, y
  si se deshacen, añadirle al resto un poco más de harina de
  arroz.
* Cuando estén cocidas, escurrirlas.
* Condimentar los ñoquis con pesto, espolvorear con el queso de oveja, agregar la pimienta y servir.

SOPAS

Sopa de alubias e hinojo

Ingredientes para 4 personas:
1 ½ taza de alubias en remojo durante 3 horas, 4 hinojos, 1 taza de aceite de oliva virgen extra, 1 diente de ajo, sal al gusto, 1 guindilla, algas *kombu* al gusto.

- Lavar las alubias y ponerlas en la olla con unos 800 ml de agua y las algas *kombu*.
- Llevar a ebullición, luego bajar el fuego y cocinar durante aproximadamente 1 hora cubiertas.
- Limpiar, lavar y escaldar el hinojo en agua hirviendo con sal. Escurrir.
- Cuando las alubias estén cocidas, verter en otra cazuela un chorro de aceite, agregar un diente de ajo y rehogar durante 2 minutos.
- Añadir al sofrito las alubias con toda el agua de la cocción y el hinojo, mezclar los ingredientes con la guindilla durante unos minutos y luego servir.

Sopa de lentejas y endivias

Ingredientes para 4 personas:
3 tazas de endivias cocidas, 1 taza de lentejas cocidas, 2 tazas de agua de la cocción de las lentejas, 1 diente de ajo, 1 guindilla, 1 zanahoria, 4 cs de aceite de oliva virgen extra.

- En una cazuela, verter el aceite y añadir el ajo y la zanahoria pelada, lavada y cortada en dados pequeños.
- Rehogar durante 5 minutos, agregar la guindilla picada e inmediatamente después las endivias y las lentejas. Dejar que los ingredientes se impregnen de sabor durante unos 10 minutos a fuego medio, removiendo de vez en cuando.
- Añadir el agua de las lentejas, llevar a ebullición, cocer a fuego lento durante unos minutos y apagar el fuego.
- Remover bien la sopa y servir.

Sopa de *azuki*, Hokkaido y borrajas

Ingredientes para 4 personas:
3 tazas colmadas de borrajas cocidas, 1 taza de judías *azuki* cocidas, 1 diente de ajo, 1 vaso de zumo de zanahoria recién licuado, 1 taza de agua, sal al gusto, 4 cs de aceite de oliva virgen extra, 1 guindilla.

- En una cazuela, verter el aceite y agregar el ajo.
- Sofreír durante 2 minutos, añadir la guindilla e inmediatamente después las borrajas y las judías *azuki*.
- Dejar que los ingredientes se impregnen del sabor durante 10 minutos a fuego medio, removiendo de vez en cuando.
- Verter el zumo de zanahoria, el agua, subir el fuego, agregar la sal, dejar hervir durante unos minutos y apagar el fuego.
- Remover bien la sopa y servir.

Sopa de garbanzos y espinacas

Ingredientes para 4 personas:
3 tazas de espinacas hervidas, 1 ½ taza de garbanzos cocidos,
1 diente de ajo, 1 taza de calabaza hervida, 4 cs de aceite de
oliva virgen extra, sal al gusto, 2 vasos de agua de la cocción
de las espinacas, pimienta negra.

- Poner en una cacerola el aceite y el ajo y rehogar durante
  2 minutos.
- Añadir los garbanzos y cocer a fuego lento durante unos
  minutos.
- Agregar la calabaza y las espinacas con 2 vasos de agua de
  la cocción de las espinacas.
- Llevar la sopa a ebullición y después cocer a fuego lento
  durante 5 minutos.
- Comprobar la sazón y servir con una pizca de pimienta
  negra.

Sopa de col y arroz

Ingredientes para 4 personas:
700 g de arroz integral cocido, 1 col pequeña, 1 trozo pequeño de queso de oveja de aproximadamente 30 g, 7 cs de aceite
de oliva virgen extra, 1 puerro, sal al gusto, 1 guindilla.

- Lavar y cortar la col en tiras finas y el puerro en rodajas,
eliminando la parte verde.
- Poner en una olla con agua y sal y llevar a ebullición.
- Escaldar la col durante 5 minutos y escurrirla.
- En otra cacerola, verter el aceite, el puerro y la col escalda-
da y cocinar durante 5 minutos.
- Añadir 3 tazas de agua hirviendo, una pizca de sal y prose-
guir la cocción de 15 a 20 minutos más.
- Agregar 2 tazas de agua, el arroz ya cocido, el queso y la
guindilla, y hervir durante unos minutos.
- Apagar el fuego y servir.

Sopa de patatas

Ingredientes para 4 personas:
250 g de arroz blanco, 4 patatas de montaña, 1 puerro, 1 apio,
3 tomates pequeños, sal al gusto, agua, 4 cs de aceite de oliva
virgen extra, 1 trozo pequeño de queso de oveja (30 g), pimienta negra.

- Lavar y cortar las hortalizas en trozos pequeños.
- En una cacerola, poner el puerro, las patatas, los tomates,
  el apio, el aceite de oliva, una pizca de sal y 2 tazas de agua
  y llevar a ebullición.
- Cocer a fuego medio durante 20 minutos, agregar más
  agua hirviendo si el nivel de líquido se reduce.
- Añadir a la sopa 4 tazas de agua hirviendo más e incorporar el arroz y el trozo de queso.
- Proseguir la cocción durante de 15 a 20 minutos más, rectificar de sal, mezclar bien los ingredientes y servir con una
  pizca de pimienta negra.

Sopa de judías pintas

Ingredientes para 4 personas:

250 g de arroz blanco, 1 ½ vaso de judías pintas en remojo durante al menos 3 horas, 4 tomates pequeños, 1 apio, 1 taza de aceite de oliva virgen extra, 1 diente de ajo, sal al gusto, 1 guindilla.

- Lavar las judías y ponerlas en una cacerola con unos 800 ml de agua.
- Llevar a ebullición, bajar el fuego y cocer durante aproximadamente 1 hora cubiertas.
- Tan pronto como las judías estén listas, verter en otra cacerola el aceite y agregar el ajo picado, el apio lavado y picado, y los tomates cortados en trozos pequeños y rehogar durante 5 minutos.
- Añadir las judías con toda el agua de cocción, agregar 2 tazas de agua hirviendo y llevar a ebullición.
- Cuando la sopa alcance el punto de ebullición, incorporar el arroz y la guindilla picada, y cocer durante unos 20 minutos más, removiendo de vez en cuando.
- Apagar el fuego, mezclar bien los ingredientes y servir.

Sopa de coliflor a la napolitana

Ingredientes para 4 personas:
300 g de pasta de arroz para sopa, 1 coliflor pequeña, 1 chalota, 1 apio, 4 tomates pequeños, sal al gusto, agua, 4 cs de aceite de oliva virgen extra, 1 trozo pequeño de queso de oveja (30 g), pimienta negra.

- Lavar y cortar las hortalizas en trozos pequeños.
- Ponerlas en la cacerola con el aceite, la sal y 3 tazas de agua y llevar a ebullición.
- Cocer de 20 a 25 minutos a fuego medio, y agregar más agua hirviendo para mantener constante el nivel de líquido.
- Añadir a la cacerola 3 tazas de agua hirviendo, incorporar la pasta de arroz y el trozo de queso.
- Proseguir la cocción otros 10 minutos más, rectificar de sal, mezclar bien los ingredientes y servir con una pizca de pimienta negra.

Si se quiere que la sopa tenga poco almidón, es conveniente cocer la pasta de arroz en una olla aparte y luego añadirla a la sopa.

GUARNICIONES DE VERDURAS Y HORTALIZAS*

* Los platos que siguen también están indicados para las dietas vegetarianas. Son muy nutritivos y no contienen proteínas de origen animal como las de la carne y el pescado.

Endivias rellenas

Ingredientes para 3 personas:

3 endivias lavadas y enteras, 1 cs de alcaparras pequeñas desaladas, 12 nueces peladas, 15 aceitunas negras de Gaeta deshuesadas, 6 cs de mijo cocido, 2 cs de semillas de sésamo, 2 dientes de ajo, 1 cs de uvas pasas, sal al gusto, 8 cs de aceite de oliva virgen extra, 1 cs de queso de oveja rallado, pimienta negra.

- Escaldar las endivias enteras en agua hirviendo con sal. Escurrirlas y colocarlas en una bandeja.
- En un cuenco, poner el mijo, el ajo picado, las alcaparras, las nueces picadas, las uvas pasas, las semillas de sésamo, una pizca de sal, una pizca de pimienta y el aceite.
- Mezclar bien y colocar la mezcla en el centro de las endivias abiertas.
- Cerrarlas y atarlas con hilo de cocina.
- En una sartén, dorar el ajo con un poco de aceite.
- Añadir las endivias rellenas y dorarlas bien por todos los lados a fuego medio-bajo, de 20 a 25 minutos.
- Apagar el fuego y servir.

Coles de Bruselas con cebollas tiernas

Ingredientes para 3 personas:
300 g de coles de Bruselas, 300 g de cebollas tiernas, 1 cc de semillas de hinojo, 2 cs de vinagre de arroz, sal, 4 cs de aceite de oliva virgen extra.

- Pelar y lavar las verduras.
- Ponerlas en una cacerola de fondo grueso.
- Añadir 1 vaso lleno de agua y una pizca de sal.
- Cocer hasta que se evapore toda el agua.
- A continuación, verter el aceite y agregar las semillas de hinojo.
- Saltear a fuego medio de 8 a 10 minutos.
- Agregar el vinagre, rectificar de sal y servir.

Pimientos rellenos

Ingredientes para 4 personas:
4 pimientos medianos lavados y cortados por la mitad, 1 porción de tofu blanco, 12 avellanas peladas, 8 anchoas desaladas, 1 cs de alcaparras desaladas, 3 cs de perejil picado, 4 cs de mijo cocido, 9 aceitunas verdes deshuesadas, 9 aceitunas negras de Gaeta deshuesadas, 3 cs de semillas de sésamo, sal al gusto, pimienta negra, 5 cs de aceite de oliva virgen extra.

- Con un corte circular, cortar el pedúnculo de los pimientos y retirar las semillas.
- En la picadora eléctrica, triturar el tofu con las alcaparras y las aceitunas verdes, poner la mezcla en un cuenco y añadir el mijo, las semillas, el perejil picado, una pizca de sal, las aceitunas negras de Gaeta, las avellanas, una pizca de pimienta y 1 chorrito de aceite de oliva.
- Mezclar bien y rellenar los pimientos.
- Ponerlos en una bandeja refractaria con un poco de aceite y hornear a 200 °C durante 30 minutos.
- Retirar del horno, dejar enfriar y servir.

Alcachofas rellenas

Ingredientes para 4 personas:
4 alcachofas grandes, 16 aceitunas negras de Gaeta, 1 cs de alcaparras pequeñas, 1 cs de mijo cocido por persona, 12 nueces trituradas, 1 puerro, 6 cs de aceite de oliva virgen extra, ½ cc de pimienta negra, sal al gusto, 1 diente de ajo picado.

- Retirar las hojas duras de las alcachofas y cortar las puntas y los tallos.
- Pelar los tallos y cortarlos en trozos pequeños.
- Lavar las alcachofas y el puerro y cortar este último en rodajas.
- Desalar las alcaparras y deshuesar las aceitunas.
- Poner en una sartén 2 cs de aceite, 2 tazas de agua, los tallos de las alcachofas y los puerros, y cocinar durante unos 10 minutos.
- Añadir el mijo, las aceitunas, las alcaparras, el ajo picado y las nueces picadas, agitar bien y cocinar durante 2 minutos más.
- Abrir las alcachofas haciendo espacio en el centro.
- Colocar el relleno en las alcachofas, ponerlas en una cazuela con aceite y 2 vasos de agua y cocinar a fuego medio de 25 a 30 minutos ligeramente cubierta.
- Comprobar que en el fondo de la cacerola siempre haya un poco de agua hasta que estén cocidas.
- Rectificar de sal y servir.

Grelos con avellanas

Ingredientes para 2-3 personas:

400 g de grelos, 4 cs de bechamel sin gluten (*véase* receta en la sección «Salsas y Condimentos para rebozados» de la pág. 27), 50 g de nueces picadas, una pizca de perejil picado, sal al gusto, 3 cs de aceite de oliva virgen extra.

- Cocer los grelos al vapor durante 5 minutos.
- Saltear en el aceite caliente durante unos minutos.
- Añadir las avellanas finamente picadas, la sal y la bechamel.
- Remover hasta que se impregne todo de sabor.
- Espolvorear con el perejil picado y servir.

Funghi porcini con patatas

Ingredientes para 6 personas:
2 kg de *Funghi porcini*, 2 dientes de ajo, 4 patatas hervidas, 5 tomates pequeños, 1 manojo pequeño de perejil picado, una pizca de orégano, 1 guindilla, sal al gusto, 8 cs de aceite de oliva virgen extra.

- Pelar, lavar las setas y cortarlas en trozos pequeños; pelar las patatas y cortarlas en trozos grandes.
- En una sartén, rehogar el ajo en el aceite durante 2 minutos, añadir las setas y cocinar durante unos 25 minutos, removiendo de vez en cuando.
- A continuación, agregar los tomates lavados y cortados en trozos y proseguir la cocción durante 5 minutos más.
- Incorporar las patatas y la guindilla y dejar que todo se impregne del sabor.
- Salar y espolvorear con el orégano.
- Apagar el fuego.
- Añadir el perejil picado, mezclar y servir.

Pimientos gratinados

Ingredientes para 3-4 personas:

4 pimientos asados, limpios y cortados en tiras, 20 aceitunas negras de Gaeta deshuesadas, 1 cc de alcaparras desaladas, 6 cs de galletas de arroz picadas, 2 dientes de ajo picados, sal al gusto, 4 cs de aceite de oliva virgen extra, el zumo de 1 limón.

- En una bandeja refractaria, poner los pimientos con el ajo picado, las alcaparras desaladas y las aceitunas deshuesadas.
- Rectificar de sal y espolvorear con las galletas picadas.
- Hornear a 200 °C de 15 a 20 minutos.
- Retirar del horno, añadir el zumo de limón y servir.

Tomates rellenos

Ingredientes para 4 personas:
4 tomates grandes con la pulpa central aparte, 10 hojas de albahaca cortadas en tiras finas, 8 cs de arroz blanco hervido o de mijo cocido, 8 cs de galletas de arroz integral tostadas y trituradas, 2 dientes de ajo, 1 cs de queso de oveja rallado, 1 cc de alcaparras desaladas, ¼ de cc de pimienta negra, 15 aceitunas verdes, sal al gusto, 5 cs de aceite de oliva virgen extra.

- En una sartén saltear, el ajo en el aceite, agregar la pulpa de tomate previamente cortada en trozos pequeños, la sal, las aceitunas y las alcaparras, y cocinar durante 5 minutos.
- Añadir el arroz o el mijo y, por último, las galletas picadas.
- Apagar el fuego, incorporar la albahaca, la pimienta y el queso de oveja, mezclar bien y rellenar los tomates con la pasta obtenida.
- Ponerlos en una bandeja refractaria engrasada con aceite de oliva y una cucharada de agua y una pizca de sal. Hornear a 200 °C durante 30 minutos.
- Retirar del horno y servir.

Tomates a la parrilla

Ingredientes para 4 personas:
4 tomates anchos, 2 dientes de ajo, 1 manojo de albahaca, 1 manojo de perejil, 1 cc de orégano, sal al gusto, 5 cs de aceite de oliva virgen extra.

- Lavar los tomates y cortarlos en rodajas de unos 4 o 5 mm de grosor.
- Poner las rodajas en una parrilla caliente y dorarlas por ambos lados.
- Se pueden sazonar con una vinagreta de aceite, sal, orégano, albahaca y ajo y perejil picados.

Rábanos marinados

Ingredientes para 3 personas:
10 rábanos, ¼ de taza de hojas de rúcula lavadas y cortadas, 8 nueces, 2 cs de vinagre de arroz, sal al gusto, 3 cs de aceite de oliva virgen extra.

- Lavar y cortar en rodajas los rábanos, añadir la sal y el vinagre y dejar reposar durante 30 minutos.
- A continuación, agregar la rúcula, las nueces y el aceite de oliva.
- Remover bien y servir.

Hinojos gratinados

Ingredientes para 4 personas:
3 hinojos grandes cortados en rodajas, 1 taza de galletas de arroz molidas, 2 tazas de bechamel (*véase* receta en la sección «Salsas y Condimentos para rebozados» de la pág. 27), 1 taza de grelos, 1 puerro, una pizca de perejil finamente picado, sal al gusto, 4 cs de aceite de oliva virgen extra, jengibre.

- Hervir los hinojos y el puerro en agua con sal sin que se reblandezcan.
- En la misma agua, hervir los grelos manteniendo la cocción al *dente*.
- Cortar en trozos las verduras hervidas y mezclarlas con la bechamel, un poco de perejil finamente picado, las galletas picadas y la sal.
- Engrasar con aceite una fuente refractaria y extender generosamente la preparación formada por galletas molidas, perejil picado, aceite, sal y jengibre.
- Verter la mezcla nivelando bien la superficie.
- Distribuir por encima más galleta picada.
- Hornear a 200 °C durante 30 minutos.

Berenjenas a la parmesana

Ingredientes para 6 personas:

8 berenjenas cortadas en rodajas y asadas a la parrilla, 1 l de tomate triturado, 2 dientes de ajo picados, 20 hojas de albahaca lavada y picada, 6 cs de queso de oveja rallado, 8 lonchas de queso fresco de oveja, sal al gusto, 6 cs de aceite de oliva virgen extra.

Salsa de tomate

- En una cazuela, verter el aceite y rehogar el ajo durante unos minutos.
- Retirar del fuego, agregar el tomate triturado y una cc de sal.
- Poner al fuego de nuevo y cocinar a fuego medio durante 15 minutos.

Parmesana

- En una bandeja refractaria poner en el fondo 2 cs de salsa de tomate.
- Cubrir con una hilera de berenjenas, sobre la que se añadirá un poco de ajo picado, unas hojas de albahaca picadas, el queso de oveja, el queso en lonchas y más salsa de tomate.
- Continuar con este proceso hasta acabar con todos los ingredientes.
- En la última capa de berenjenas poner solo salsa de tomate.
- Hornear en el horno precalentado a 200 °C durante de 30 a 40 minutos.
- Retirar del horno, dejar enfriar y servir.

Alubias con pimientos

Ingredientes para 4 personas:
250 g de alubias cocidas, 3 pimientos asados, pelados y cortados en tiras, 15 aceitunas negras de Gaeta deshuesadas, 1 cs de alcaparras pequeñas desaladas, 1 diente de ajo, 2 o 3 cs de vinagre de sidra de manzana, ¼ de cc de pimentón picante, sal al gusto, 6 cs de aceite de oliva virgen extra, una pizca de perejil picado.

- En una cacerola, verter el aceite y añadir el ajo; freír unos minutos y agregar los pimientos.
- Dejar cocer durante 5 minutos; a continuación, incorporar las alubias, las alcaparras desaladas y las aceitunas deshuesadas.
- Rehogar durante unos 10 minutos; por último, añadir el vinagre y el pimentón; remover y servir con una pizca de perejil picado.

ALGAS

Alga hiziki (Cistophyllum fusiforme)

Crece a mayor profundidad que otras algas marinas y contiene más minerales y oligoelementos, hasta un 34 % de su peso en seco.

Es cicatrizante, fortalece, facilita la reducción del colesterol, previene la caries dental y limita la aparición de las canas.

Se recomienda que las mujeres embarazadas y los niños la consuman en pequeñas cantidades.

Es rica en calcio (1.400 mg en 100 g de algas secas; la misma cantidad de leche sólo contiene 100 mg).

Alga kombu (Laminaria japonica)

Es un alga marrón que crece a lo largo de la costa de Japón. Es famosa por la cantidad de yodo, magnesio, hierro y calcio que contiene. Es rica en ácido algínico. Se utiliza como tónico para regular la presión sanguínea, en las enfermedades pulmonares y cardiovasculares, y en las dietas de desintoxicación.

También es el alga más comúnmente utilizada para combatir la enfermedad de la tiroides, los daños por radiación y la artritis.

Algas *hiziki* en ensalada de maíz

Ingredientes para 2-3 personas:
½ taza de algas *hiziki*, 1 frasco de maíz ecológico, 10 aceitunas verdes deshuesadas, 5 rábanos redondos, 2 cs de pipas de girasol peladas, 1 corazón de endivia lavado, 3 cs de aceite de oliva virgen extra, ½ cc de sal, 1 cs de vinagre de sidra de manzana.

- Lavar, y poner las algas en remojo durante 20 minutos en 1 ½ taza de agua.
- Poner todo en una cacerola y cocer durante 15 minutos.
- Escurrir las algas y ponerlas en una ensaladera.
- Añadir las aceitunas verdes, las pipas de girasol, el maíz, el corazón de endivia y los rábanos lavados y cortados en trozos.
- Agregar la sal, el aceite y el vinagre de sidra de manzana.
- Mezclar los ingredientes y servir.

Algas *hiziki* con nueces y verduras

Ingredientes para 2-3 personas:
½ taza de algas *hiziki,* 1 achicoria pequeña redonda, 10 nueces peladas, 50 g de pasas de uva, ½ cc de sal, 3 cs de aceite de oliva virgen extra, 2 cs de vinagre de arroz, una pizca de perejil picado, 1 diente de ajo picado.

- Lavar las algas *hiziki* y ponerlas en remojo en 1 ½ taza de agua durante unos 20 minutos.
- Pasarlo a una cacerola y cocer durante 15 minutos más.
- Colar las algas y ponerlas en una ensaladera.
- Añadir el diente de ajo picado, la achicoria lavada y cortada en juliana, las nueces y las pasas.
- Aderezar con aceite, sal y vinagre de arroz.
- Mezclar todo bien y servir con una pizca de perejil.

Algas *hiziki* con champiñones y patatas

Ingredientes para 2-3 personas:
3 cs de *hiziki,* 2 patatas peladas y cortadas, 250 g de champiñones, 1 guindilla picada muy fina, 1 cc de sal, 3 cs de aceite de oliva virgen extra, una pizca de perejil picado, sal.

- Remojar las algas en agua fría durante unos 15 minutos y luego escurrir bien el exceso de agua.
- Cortar la cebolla y saltear en una sartén con un poco de aceite y un poco de agua, a fuego medio, sin dejar de remover constantemente para que no se queme.
- Cuando la cebolla se haya vuelto transparente, añadir los champiñones previamente lavados, secados y laminados. Dejar cocer a fuego medio durante unos minutos.
- A continuación, agregar las algas y el agua del remojo, las patatas y la sal; tapar la cacerola y proseguir la cocción durante aproximadamente ½ hora a fuego lento.
- Incorporar la guindilla picada muy fina y el perejil, y servir.

Salteado de algas *kombu* con apio y alubias

Ingredientes para 3-4 personas:
3 tiras de alga *kombu* de 15-20 cm, 2 tallos de apio, 200 g de alubias cocidas, sal al gusto, 3 cs de aceite de oliva virgen extra, una pizca de perejil picado, ¼ de cc de pimienta negra, 1 diente de ajo picado.

- Lavar las algas y sumergirlas en un vaso de agua después de cortarlas a lo ancho en tiras finas. Dejarlas en remojo durante 20 minutos.
- Poner las algas y el agua del remojo en una cacerola y cocinar a fuego medio de 15 a 20 minutos, añadiendo agua si fuera necesario.
- Después, pelar, lavar y cortar en trozos pequeños el apio y agregar las algas.
- Incorporar la sal, el aceite y el ajo y rehogar durante 5 minutos; añadir 1-2 cs de agua si fuera necesario.
- A continuación, agregar las alubias y cocinar 3 o 4 minutos.
- Antes de apagar el fuego espolvorear una pizca de pimienta y perejil picado y servir.

Algas *kombu* con vinagre de arroz

Ingredientes para 3 personas:
3 tiras de 15-20 cm de alga *kombu*, ½ taza de raíz seca de bardana, 2 cebollas, sal al gusto, 3 cs de vinagre de arroz, 3 cs de aceite de oliva virgen extra, una pizca de perejil picado, 2 cs de semillas de sésamo.

- Lavar y cortar las algas *kombu* a lo ancho en tiras finas y ponerlas en remojo en 1 taza de agua.
- Lavar la raíz de bardana y añadirla al remojo de las algas *kombu*.
- Transcurridos 20 minutos, poner las algas y las raíces en una cacerola y cocer de 15 a 20 minutos, añadiendo agua si fuera necesario.
- Pelar, lavar y cortar las cebollas y agregarlas a la cacerola; incorporar un poco de sal y aceite.
- Proseguir la cocción, removiendo de vez en cuando hasta que se ablande la cebolla.
- A continuación, añadir el vinagre de arroz, las semillas de sésamo y el perejil picado.
- Servir caliente.

Rollo de arroz y *nori* (sushi)

Ingredientes para 3 personas:
3 tazas de arroz cocido, 6 hojas de algas *nori,* 1-2 zanahorias, 3 *umeboshi* (ciruelas saladas).

* Tostar las hojas de algas *nori,* una a una, hasta que adquieran un color verde brillante, manteniéndolas sobre la llama baja a unos 10-15 cm del fuego.
* Extender la hoja de *nori* sobre una estera de bambú colocada sobre una tabla de cortar y distribuir por encima una capa de arroz de ½ cm de grosor, dejando un margen de 2 cm por debajo, de 3 cm por arriba y de 1 cm a los lados.
* Lavar y cortar las zanahorias en tiras finas. Hervirlas en agua con sal 3 o 4 minutos y dejarlas enfriar.
* Extender sobre el arroz las *umeboshi* cortadas en trozos y poner encima las zanahorias a lo largo.
* Para enrollarlo, hay que empezar por la parte inferior (la parte con menos margen) con la ayuda de la esterilla y presionar el arroz con una fuerza razonable contra la hoja de *nori*.
* Dejar el rollo de algas en la estera durante unos minutos y luego desenrollarla.
* Con un cuchillo afilado, cortar el rollo en rodajas pequeñas.

Como variante, se puede utilizar en lugar de zanahorias otras hortalizas, como cebollinos, judías verdes, grelos, nabos, rábanos, etc., o también salmón, gambas, atún al natural, o pescado crudo fileteado.

✄

CARNES

Pichón con salsa de vino y salvia

Ingredientes para 4 personas:

4 pichones tiernos desplumados, limpios, flameados, lavados y secados, 10 filetes de anchoa, 2 dientes de ajo picados, 1 vaso de vino blanco seco, 6 cs de aceite de oliva virgen extra, salvia, sal al gusto, pimienta.

- Salpimentar e introducir un filete de anchoa en el interior de cada pichón.
- Rehogar el ajo en aceite durante 2 minutos y añadir los pichones.
- Dorar durante 10 minutos, y añadir el vino, la salvia y las anchoas restantes.
- Cocinar a fuego medio de 25 a 30 minutos, apagar el fuego y servir.

Cordero con hinojos silvestres

Ingredientes para 4 personas:

1 kg de cordero lavado y cortado en trozos pequeños, 1 manojo de hinojos silvestres limpios y lavados, 2 dientes de ajo picados, 1 ramita de romero, ½ taza de vino blanco seco, 5 cs de aceite de oliva virgen extra, sal, pimienta.

- Verter el aceite en una cazuela de barro y dorar el romero, los dientes de ajo y los hinojos, todo ello picado.
- Dejar en el fuego durante unos minutos, removiendo continuamente.
- Añadir el cordero, la sal y la pimienta.
- Cuando la carne esté dorada, verter el vino. Proseguir la cocción con la cazuela descubierta durante unos 50 minutos, removiendo el cordero de vez en cuando.
- Verter un poco de agua caliente si fuera necesario.
- Servir en la cazuela de barro.

Gallina con col

Ingredientes para 5-6 personas:
1 gallina lavada y cortada en trozos pequeños, 1 col de tamaño mediano, 1 cebolla picada, 1 zanahoria picada, 1 tallo de apio picado, 1 diente de ajo picado, 1 hoja de laurel, 2 vasos de vino tinto, 4 cs de aceite de oliva virgen extra, sal al gusto, pimienta.

- Freír en aceite y 3 cucharadas de agua la cebolla, la zanahoria, el apio y el ajo.
- Añadir la gallina y dorar de 5 a 8 minutos removiendo con frecuencia.
- Verter el vino y un vaso de agua, la hoja de laurel, una pizca de sal y una de pimienta, y cocer a fuego lento durante unos 30 minutos.
- Añadir la col cortada en juliana. Proseguir la cocción hasta que se deshagan las verduras.

Pavo al limón

Ingredientes para 3-4 personas:
2 limones lavados y cortados en rodajas, 3 pechugas de pavo cortadas en trozos pequeños y rebozados en harina de arroz, sal al gusto, 4 cs de aceite de oliva virgen extra, 2 cs de perejil picado, una pizca de pimienta.

- En una sartén de fondo grueso, verter el aceite y dorar los trozos de pavo enharinado.
- Retirar de la sartén y escurrir en papel de cocina.
- En la misma sartén, poner las rodajas de limón y una pizca de sal en el centro de cada rodaja.
- Dejar que se doren por ambos lados de 5 a 8 minutos.
- Añadir el pavo en trozos pequeños y cocinar 3 o 4 minutos.
- Salpimentar y servir con una pizca de perejil picado.

Estofado con alcachofas

Ingredientes para 4 personas:
800 g de carne de ternera cortada en trozos pequeños, 10 corazones de alcachofa cortados en trozos y adobados en agua y limón durante unos minutos, 1 cebolla, 50 g de aceitunas negras de Gaeta, 1 diente de ajo, ½ taza de vino blanco seco, ½ litro de caldo de verduras, 6 cs de aceite de oliva virgen extra, sal al gusto, una pizca de pimienta.

- Freír la ternera en aceite durante unos minutos. Cuando esté dorada, añadir la cebolla y el ajo picados. Verter el vino y dejar que se evapore.
- Mantener el fuego bajo y añadir el caldo vegetal caliente.
- Después de unos 30 minutos, incorporar las alcachofas y las aceitunas de Gaeta deshuesadas y cocinar durante otros 20 minutos, removiendo con cuidado de vez en cuando.
- Por último, rectificar de sal y pimienta y servir.

Pollo con patatas y pimientos

Ingredientes para 3-4 personas:
3 pechugas de pollo cortadas en trozos pequeños, 2 pimientos amarillos asados, limpios y cortados en tiras, 2 patatas al vapor cortadas en dados, 10 aceitunas negras de Gaeta deshuesadas, 1 diente de ajo picado, una pizca de orégano, sal al gusto, 4 cs de aceite de oliva virgen extra, 1 cs de vinagre de sidra de manzana.

- Calentar el aceite en una sartén, añadir las pechugas de pollo en trozos pequeños y cocinar 3 o 4 minutos.
- Incorporar los pimientos, el ajo y las aceitunas, y rehogar durante 5 minutos.
- Incorporar las patatas, el orégano y mezclar todo muy bien.
- Antes de apagar el fuego, rociar con el vinagre de sidra de manzana, rectificar de sal y servir.

Conejo con arándanos

Ingredientes para 4-5 personas:
1 conejo lavado, cortado en trozos pequeños y en remojo en agua con sal y el zumo de ½ limón durante 1 o 2 horas, 300 ml de zumo de arándanos sin azúcar, 6 cs de aceite de oliva virgen extra, sal al gusto, una pizca de pimienta, 8 cs de arándanos frescos (opcional).

- Escurrir el conejo de la marinada, pasarlo por agua fría, secarlo y ponerlo en una cazuela grande.
- Cubrir con la tapa y cocinar durante 10 minutos. Después, colar el agua que haya liberado del conejo.
- Proseguir la cocción, añadir el aceite y mantener la tapa sobre la cazuela a fuego medio de 20 a 25 minutos, hasta que todos los trozos estén bien dorados.
- Agregar el zumo de arándanos.
- Cocer durante unos 20 minutos ligeramente cubierto para que el zumo se evapore.
- Remover el conejo de vez en cuando.
- Retirar el fuego justo cuando quede 1 cm de líquido en la cazuela.
- Añadir los arándanos frescos.
- Comprobar la sazón y servir con un poco de pimienta.

Conejo con aceitunas

Ingredientes para 4-5 personas:
1 conejo lavado, cortado en trozos pequeños y en remojo con agua con sal durante 2 horas, 150 g de aceitunas negras de Gaeta deshuesadas, 1 puerro cortado en rodajas, 2 hinojos lavados y picados, 1 vaso de vino tinto, 6 cs de aceite de oliva virgen extra, sal al gusto, una pizca de pimienta.

- Poner en el aceite los trozos de conejo y dorarlos a fuego medio durante unos 20 minutos.
- Añadir el puerro, los hinojos, las aceitunas y el vino.
- Dejar cocer hasta que todo el vino se evapore. Rectificar de sal y pimienta y servir.

PESCADOS

Besugo al agua loca

Ingredientes para 2 personas:
1 besugo de 600 g, 8 tomates maduros pequeños, 1 diente de ajo picado, 3 cs de aceite de oliva virgen extra, sal al gusto, una pizca de perejil picado.

- Limpiar y quitar las escamas del besugo, lavarlo y ponerlo en una sartén.
- Añadir el aceite, el ajo y los tomates lavados y cortados en dados.
- Cocer a fuego medio por ambos lados durante unos 15 minutos.
- Agregar un poco de sal y servir con una pizca de perejil picado.

Sepias con grelos

Ingredientes para 4-5 personas:
4 sepias medianas limpias, lavadas y cortadas en trozos pequeños, 1 kg de grelos cocidos, 1 diente de ajo, 1 guindilla picada muy fina, sal al gusto, 7 cs de aceite de oliva virgen extra.

- En una sartén, dorar el ajo con el aceite y la guindilla.
- Añadir las sepias y cocinar 20 minutos; añadir los grelos.
- Cocinar de 5 a 10 minutos más, rectificar de sal y servir.

Albóndigas de bacalao con bechamel

Ingredientes para 4 personas:
700 g de bacalao cocido al vapor durante 20 minutos y triturado, 3 huevos, 1 ½ taza de galletas de arroz trituradas, 1 cs de perejil picado, 2 cs de queso de oveja rallado, 1 diente de ajo picado, sal al gusto, aceite para freír, una pizca de pimienta, 600 ml de bechamel de soja caliente (*véase* receta en la sección «Salsas y Condimentos para rebozados» de la pág. 27).

- En una cazuela, poner el bacalao, el ajo picado y las galletas de arroz trituradas.
- Añadir los huevos batidos con el perejil picado, la sal y el queso de oveja.
- Amasar con las manos hasta que la mezcla permita formar las albóndigas. Si la preparación es demasiado suave, añadir más galletas picadas.
- Con las manos húmedas, formar pequeñas bolas aplastadas.
- Freír en aceite caliente, escurrirlas en papel de cocina y ponerlas en un recipiente refractario con la bechamel de soja caliente.
- Introducir en el horno precalentado a 200 °C durante 15 minutos.
- Servir con un poco de pimienta.

Buñuelos de chanquetes

Ingredientes para 4 personas:
250 g de chanquetes, 4 huevos, 1 taza colmada de galletas de arroz tostadas y trituradas, 1 cs de queso de oveja rallado, una pizca de perejil picado, aceite para freír, sal al gusto, una pizca de pimienta.

- En un cuenco, poner los chanquetes y las galletas trituradas; añadir los huevos batidos con el queso, el perejil y la sal.
- Mezclar los ingredientes hasta obtener una preparación homogénea y muy suave.
- Tomar una cucharada de la mezcla para formar los buñuelos y freír en aceite caliente hasta que se doren por ambos lados.
- Servir con un poco de pimienta.

Bacalao al limón

Ingredientes para 4 personas:
1 kg de bacalao fresco cocido al vapor durante 20 minutos,
2 limones, 6 cs de aceite de oliva virgen extra, sal al gusto,
una pizca de pimienta, una pizca de perejil picado.

- Verter el aceite en una sartén y colocar los limones lavados y cortados en rodajas de ½ cm de grosor.
- Poner en el centro de cada rodaja un poco de sal y dorar los limones por ambos lados a fuego fuerte.
- Quitar las espinas al bacalao, ponerlo en una bandeja, verter la salsa de limón y las rodajas por encima, añadir el perejil, una pizca de pimienta y servir.

Fritura de calamares y gambas

Ingredientes para 4 personas:
600 g de calamares frescos limpios, lavados y cortados en
anillas de ½ cm de grosor, 400 g de gambas frescas peladas
y lavadas, 200 g de harina fina de maíz, aceite, sal al gusto,
una pizca de pimienta.

* Después de escurrir bien los calamares, pasarlos por la harina de maíz.
* Eliminar el exceso de harina con un tamiz y freír los calamares en aceite muy caliente y escurrirlos en papel de
cocina.
* Repetir el mismo procedimiento con las gambas.
* Colocar el pescado en una bandeja, añadir una pizca de sal
y otra de pimienta, y servir caliente.

Pulpo rehogado

Ingredientes para 4 personas:
1 kg de pulpo fresco pequeño limpio, 300 g de tomates pelados, 1 diente de ajo picado, 6 cs de aceite de oliva virgen extra, 1 guindilla picada muy fina, sal al gusto.

- En una cazuela de fondo grueso, poner el pulpo, el aceite de oliva, el ajo y el tomate picados. Llevar a ebullición cubierto.
- Bajar el fuego y añadir la guindilla.
- Cocinar de 30 a 35 minutos a fuego medio y ligeramente cubierto.
- Antes de retirar del fuego, rectificar de sal. Servir con una pizca de perejil fresco picado.

PROTEÍNAS VEGETALES*

* Los siguientes platos también están indicados para una dieta vegetariana. Son nutritivos y no contienen proteínas de origen animal como las de la carne y el pescado.

Albóndigas de tofu

Ingredientes para 5-6 personas:
250 g de tofu blanco al natural, 1 huevo, 2 cs de queso de oveja rallado, 2 cs de perejil picado, taza de harina de arroz integral, ½ taza de galletas de arroz tostadas y trituradas, 2 cs de semillas de sésamo trituradas, 1 diente de ajo picado, agua para la masa, 1 cs de aceite de oliva virgen extra para la masa, sal al gusto, una pizca de pimienta, aceite para freír.

- Pasar el tofu por la picadora, ponerlo en un cuenco y añadir el huevo batido con la sal, el aceite, el queso, el perejil y la pimienta.
- Agregar las galletas de arroz picadas, el ajo picado, las semillas y la harina de arroz integral.
- Verter agua hasta obtener una preparación adecuada para formar las albóndigas (la masa no debe ser demasiado suave) y mezclar los ingredientes con las manos.
- Tomar una cuharada de masa y, con las manos húmedas, formar pequeñas bolas achatadas por ambos extremos.
- Freír en aceite caliente, escurrir en papel de cocina y servir.

Albóndigas de alubias

Ingredientes para 4 personas:
300 g de alubias cocidas y bien escurridas, 1 ½ taza de galletas de arroz trituradas muy finas, 1 diente de ajo, 3 cs de perejil picado, 1 huevo, sal al gusto, una pizca de pimienta, aceite para freír.

- Pasar las judías por la picadora y poner en un cuenco, añadir el huevo batido y los demás ingredientes finamente picados.
- Mezclar hasta obtener una masa homogénea.
- Con las manos húmedas, formar albóndigas y achatar por los extremos.
- Freír en aceite caliente, escurrir en papel de cocina y servir.

Albóndigas de habas

Ingredientes para 3-4 personas:
200 g de habas secas remojadas en agua durante la noche anterior, 1 pieza de 10 cm de alga *kombu,* 1 zanahoria picada, 2 tallos de apio picados, 1 chalota picada, 2 cs de aceite de oliva virgen extra, 1 taza de galletas de arroz tostadas y picadas, 1 cs de queso rallado de oveja, 1 puñado de harina de arroz integral para rebozar las albóndigas, sal al gusto, una pizca de pimienta, aceite para freír.

- Cocer las judías con el alga *kombu* en 250 ml de agua durante 30 minutos.
- Después, pasarlas por la picadora y añadir las zanahorias, el apio y la cebolla, y saltear en una sartén con aceite hasta que la preparación esté bien pochada y seca.
- Con el fuego apagado, añadir la sal, la pizca de pimienta, el queso rallado y las galletas picadas.
- Amasar hasta obtener una mezcla espesa, y después formar bolas con las manos húmedas.
- Pasarlas por la harina de arroz y luego dorarlas en una sartén con un poco de aceite.
- Escurrirlas en papel de cocina y servir.

Croquetas de tofu

Ingredientes para 4 personas:

1 patata hervida, 250 g de tofu cocido al vapor, 1 zanahoria rallada, 50 g de apio rallado, 1 calabacín rallado, ¼ de cc de pimienta, 1 cs de pipas de girasol molidas, 2 cs de semillas de sésamo molidas, ¼ de taza de galletas de arroz molidas, aceite para freír, sal al gusto.

- Triturar el tofu en la picadora.
- Poner en un cuenco y añadir los demás ingredientes picados.
- Amasar hasta obtener una mezcla homogénea y más bien dura.
- Tomar una cucharada de masa entre las manos y formar albóndigas, aplastarlas con el fin de obtener un disco de un grosor de alrededor de 1 cm.
- Freír las croquetas por ambos lados en aceite bien caliente.
- Escurrirlas en papel de cocina y servir en un plato acompañadas de ensalada.

Tofu con crema de pimientos

Ingredientes para 3 personas:
1 pieza de tofu blanco al natural, 1 pimiento rojo, 1 pimiento amarillo, 1 pimiento verde, 1 chalota, una pizca de perejil picado, 1 cc de hierbas (salvia, romero, mejorana, tomillo, orégano), 1-2 cs de vinagre de sidra de manzana, 4 cs de aceite de oliva virgen extra, sal al gusto.

- Cortar el tofu en rodajas y asarlas a la plancha durante unos minutos.
- Condimentar con vinagre, sal y hierbas.
- Aparte, triturar los pimientos y la cebolla con el perejil y la sal.
- En una sartén, verter esta mezcla y agregar una cucharada de agua y un chorrito de aceite.
- Cocinar a fuego medio durante 25 minutos, removiendo con frecuencia y añadiendo más agua si fuera necesario.
- Después de la cocción deberá obtenerse un compuesto firme pero no demasiado seco.
- Añadir las rodajas de tofu asadas y dejar que se empapen de sabor en la salsa durante unos minutos a fuego lento.
- Servir caliente.

Flores de calabacín rellenas

Ingredientes para 4 personas:
4 flores de calabacín lavadas y secadas, 3 cs de queso de oveja rallado, una pizca de perejil picado, 1 huevo, 250 g de queso ricotta de oveja, 100 g de galletas de arroz molidas, sal al gusto, una pizca de pimienta, aceite para freír.

- Mezclar el queso de oveja con el queso ricotta.
- Añadir el perejil picado, la sal y la pimienta, mezclar y rellenar las flores.
- Batir el huevo con una pizca de sal y bañar las flores, pasarlas por la harina de galleta y freírlas en aceite caliente durante unos minutos hasta que las flores rellenas se doren bien.
- Retirar de la sartén, escurrirlas en papel de cocina y servir calientes.

Variante con relleno de tofu

½ pieza de tofu blanco al natural cocido al vapor y triturado, 1 patata mediana hervida y en puré, 3 cs de gomasio.

- Mezclar todos los ingredientes e introducir la mezcla en las flores de calabacín. A continuación, proceder como se describe en la versión con el relleno de ricotta.

Tempeh a la veneciana

Ingredientes para 3-4 personas:

1 ½ paquete de *tempeh* fresco artesanal, 6 cebollas grandes, 1 hoja de laurel, 2 cs de vinagre de arroz o de sidra de manzana, sal al gusto, 6 cs de aceite de oliva virgen extra, una pizca de pimienta, 2 cs de semillas de sésamo, ½ cc de semillas de hinojo (opcional), 1 pieza de 8 cm de alga *kombu* remojada en agua.

- Cortar las algas en trozos pequeños y poner en una cacerola de fondo grueso.
- Pelar, lavar y cortar las cebollas y añadirlas a la sartén, agregar la hoja de laurel (retirar el nervio central), la sal, las semillas de hinojo, el aceite de oliva y 3 tazas de agua.
- Cocinar a fuego medio durante 30 minutos, incorporar el *tempeh,* cortado en dados y cocinar de 10 a 15 minutos más.
- Añadir unas cucharadas de agua si fuera necesario. Antes de apagar el fuego agregar las semillas de sésamo y el vinagre, remover y servir con un poco de pimienta.

Panelas
Receta clásica de la cocina siciliana

Ingredientes para 5-6 personas:
500 g de harina de garbanzos, 800 ml/1 litro de agua, aceite para freír, sal al gusto, una pizca de pimienta.

- Verter el agua y la sal en una cacerola y llevarla a ebullición.
- Añadir la harina de garbanzos espolvoreándola sobre el agua.
- Remover constantemente para obtener una pasta muy espesa y sin grumos.
- La masa debe despegarse de los lados de la cazuela.
- Apagar el fuego tan pronto como la masa esté homogénea y sin grumos.
- Verter la mezcla en un plato aceitado y, con una espátula húmeda, extender la masa hasta obtener una superficie rectangular uniforme de unos 5 cm de grosor.
- Cortar piezas rectangulares y freírlas en aceite caliente.
- Dejar que se doren por ambos lados, escurrirlas en papel de cocina y servir con pimienta.

Hummus de garbanzos

Ingredientes para 4 personas:
2 tazas de garbanzos muy cocidos, ½ taza de zumo de limón,
½ taza de aceite de oliva virgen extra, 1 cs de alcaparras desaladas y picadas, una pizca de pimienta, sal al gusto.

- Triturar todos los ingredientes y añadir poco a poco el zumo de limón y el aceite.

Esta comida típica de Oriente Medio es deliciosa untada en
pan ácimo, galletas o tostadas.

HUEVOS

Tortilla de ricotta y espinacas

Ingredientes para 4 personas:
5 huevos, 300 g de espinacas hervidas y escurridas, 250 g de queso ricotta de oveja, sal, pimienta, aceite para freír.

- Batir los huevos con una pizca de sal y otra de pimienta, agregar las espinacas picadas y la ricotta.
- Mezclar bien los ingredientes, verter en una terrina engrasada y hornear en el horno precalentado a 200 °C durante 20 minutos.

Tortilla de cardos

Ingredientes para 4 personas:
1 kg de cardos, el zumo de 1 limón, 1 puñado de harina de arroz blanco molida fina, aceite para freír, 1 cs de margarina vegetal ecológica sin gluten, 2 cs de queso de oveja rallado, 4 huevos batidos, sal al gusto, pimienta.

- Pelar los cardos, cortarlos en trozos de unos 5 cm de grosor, eliminar todos los hilos, lavarlos, hervirlos en agua con el zumo de limón, escurrirlos y secarlos.
- En una sartén calentar abundante aceite. Agregar los cardos ligeramente enharinados, dorarlos, sacarlos, ponerlos en capas en una fuente refractaria, y espolvorear el queso rallado.
- Añadir los huevos batidos, colocar los trozos de margarina y más queso rallado.
- Hornear a 250 °C hasta que se cocinen los huevos. Retirar del horno y servir.

FRUTA

Mousse de sandía

Ingredientes para 6 personas:
40 g de almidón de maíz, 1 l de zumo de sandía, 100 g de azúcar de caña, 1 cs de agar-agar, 50 g de calabaza confitada, 50 g de virutas de chocolate negro.

- En una cacerola, disolver el almidón con ¼ de l de zumo de sandía, añadir el resto del zumo con el azúcar y llevar a ebullición sin dejar de remover.
- Aparte, disolver el agar-agar en un poco de agua, agregar al resto del líquido y mezclar bien.
- Distribuir la calabaza confitada cortada en trozos pequeños en 6 moldes, verter lentamente la mezcla de sandía, dejar enfriar y dejar reposar en el refrigerador durante al menos 3 horas.
- Sacar de los moldes, decorar con virutas de chocolate y servir.

Piña con fresas silvestres

Ingredientes para 4 personas:
1 piña madura pelada y cortada en rodajas, 1 cesta de fresas silvestres, el zumo de 1 limón, 2 cs de azúcar moreno.

- Cocer al vapor las rodajas de piña durante 5 minutos.
- Ponerlas en una bandeja de servir.
- Mezclar el azúcar con el zumo de limón y pasarlo por la picadora.
- Pelar y lavar las fresas y añadirlas al azúcar con limón.
- Poner en el centro de cada rodaja de piña una cuchara grande de fresas marinadas y servir.

Manzanas rellenas al horno

Ingredientes para 1 persona:
1 manzana golden, ½ cs de uvas pasas remojadas en agua, 1 cc de tahina (pasta de sésamo), una pizca de sal, 1 cc de azúcar moreno.

- Lavar la manzana y, con un cuchillo, retirar el corazón de manera que quede una cavidad central.
- Rellenar con las uvas pasas, la tahina, la sal y el azúcar.
- Poner la manzana en una bandeja refractaria pequeña y hornear a 180 °C durante unos 30 minutos.
- Retirar del horno, dejar enfriar y servir.

Macedonia de fruta con limones y naranjas

Ingredientes para 5-6 personas:
1 manzana golden, 1 pera, 2 plátanos, 3 albaricoques, 2 melocotones no demasiado maduros, 10 fresones, el zumo de 3 naranjas, el zumo de 2 limones, 4 cs de azúcar moreno, 5 nueces picadas, 6 hojas de menta lavadas y secadas, 2 cs de uvas pasas remojadas en agua.

- Pelar y cortar en trozos toda la fruta, ponerla en un recipiente grande y aderezar con los zumos de los cítricos y el azúcar.
- Mezclar bien y dejar reposar durante 10 minutos para que se impregnen del sabor.
- Servir en cuencos para macedonia decorados con nueces y una hoja de menta.

DULCES

Galletas del príncipe

Ingredientes para 3 personas:
180 g de tapioca ecológica en polvo, 200 g de azúcar moreno en polvo, la ralladura de 1 limón, 4 huevos, ¼ de cc de vainilla, 1 cc de levadura en polvo para postres sin gluten.

- Separar las claras de las yemas y batir estas últimas con el azúcar moreno.
- Añadir la harina de tapioca lentamente y seguir batiendo la masa.
- Agregar la ralladura de limón y las claras de huevo batidas a punto de nieve y mezclar los ingredientes con cuidado.
- Poner la mezcla en una manga pastelera.
- Forrar con papel sulfurizado una bandeja refractaria y poner tiras de masa de unos 10 cm de largo.
- Hornear a 170 °C hasta que las galletas estén doradas.
- Retirar del horno y espolvorear con el azúcar moreno y servir.

Crema pastelera

Ingredientes para 3 personas:
50 g de harina de arroz blanco, 100 g de azúcar de caña, 250 ml de leche de soja de vainilla, 2 yemas de huevo, 1 corteza de limón.

- Mezclar la harina y el azúcar moreno, añadir las yemas de huevo y amasar hasta obtener una mezcla homogénea y sin grumos.
- Agregar la leche lentamente y, a continuación, incorporar la corteza del limón.
- Poner al fuego y remover la mezcla hasta que empiece a hervir y se obtenga una crema fina.
- Retirar la corteza de limón y servir la crema, o utilizarla como relleno para pasteles.

Bizcocho esponjoso

Ingredientes:

180 g de harina de arroz blanco, 180 g de azúcar moreno en polvo, 5 huevos, 1 bolsita de levadura sin gluten para postres.

- Mezclar bien el azúcar moreno y la harina.
- Añadir los huevos de uno en uno y batir hasta que se obtenga una mezcla homogénea y sin grumos.
- Agregar la levadura, seguir batiendo durante 2 minutos, y verter la mezcla en un molde engrasado con margarina y espolvoreado con harina de arroz.
- Introducir la preparación en el horno precalentado a 180 °C de 35 a 40 minutos.
- Sacar del molde, dejar enfriar y servir.

Pastel de almendras

Ingredientes:
250 g de margarina vegetal ecológica sin gluten, 350 g de azúcar moreno en polvo, 1 cc rasa de vainillina natural, una pizca de sal, 8 huevos, 250 g de almendras peladas, tostadas y molidas, 100 g de harina de arroz blanco, la corteza de 3 limones grandes, 1 bolsita de levadura sin gluten para postres, nata de soja ecológica en espray.

- Batir bien la margarina, el azúcar moreno, la vainillina y la sal, hasta obtener una mezcla esponjosa y ligera, similar a la nata montada.
- Añadir los huevos de uno en uno sin dejar de batir.
- Rallar las cortezas de los limones y mezclar con las almendras molidas, la harina y la levadura en polvo.
- Cuando se haya incorporado el último huevo, agregar el resto de ingredientes, mezclando todo con las manos muy suavemente.
- Verter en un molde engrasado con margarina y enharinado con harina de arroz.
- Introducir en el horno precalentado a 170 °C durante 1 hora.
- Retirar del horno, dejar enfriar y decorar con nata de soja ecológica en espray y almendras.

Pastel de Navidad

Ingredientes para la decoración:

1 clara de huevo, 180 g de azúcar moreno en polvo, 10 estrellitas de chocolate negro, 50 g de avellanas trituradas, 10 cerezas confitadas.

- Preparar la masa siguiendo la receta del pastel de almendras.
- Aceitar y enharinar con harina de arroz un molde de horno que tenga la forma de un árbol de Navidad.
- Verter la mezcla en el molde y hornear siguiendo la receta anterior.
- Retirar del horno y dejar enfriar un poco.
- Sacar del molde y dejar que se enfríe del todo.

Preparación del glaseado para decorar:

- Batir la clara de huevo a punto de nieve, añadir el azúcar lentamente, y volver a batir con energía.
- Extender el glaseado obtenido sobre el pastel y nivelar los contornos con una espátula húmeda.
- Poner las avellanas solo en el tronco del árbol.
- Cortar las cerezas por la mitad y colocarlas en el pastel como si fueran las bolas de Navidad; proceder también de la misma manera con las estrellitas de chocolate, poniendo una en la punta de la copa del árbol.

Rosquillas de pasta hervida

Ingredientes para 4 personas:
1 taza de harina de arroz integral, 1 taza de agua, 2 cs de limoncello, 1 cc de margarina vegetal ecológica sin gluten, la corteza
de 1 limón, 1 cc de sal, aceite para freír, 150 g de azúcar moreno en polvo.

- Hervir durante 5 minutos el agua con la sal y la corteza del
  limón.
- Apagar el fuego y agregar la margarina, el limoncello y la
  harina, mezclando vigorosamente para que no se formen
  grumos.
- Dejar enfriar y pasar la masa a una superficie de trabajo.
- Usar un poco más de harina de arroz para amasar.
- Formar palitos de unos 10 cm y darles la forma de una «e».
- Freír en aceite caliente, escurrir las rosquillas en papel de
  cocina y luego pasarlas por el azúcar moreno.
- Poner en una bandeja y servir.

Campana de Pascua

Ingredientes para 8 personas:
150 g de harina de arroz blanco, 250 g de tapioca en polvo, 250 g de margarina vegetal ecológica sin gluten, 4 huevos, ¼ de cc de sal, 250 g de azúcar moreno en polvo, la ralladura de 3 limones, 250 g de manzanas lavadas y cortadas en rodajas, ½ cc de vainilla, 4 cs de uvas pasas, 1 cc de levadura en polvo sin gluten para postres.

- Poner en la picadora la margarina y el azúcar de caña en polvo hasta obtener una crema fina.
- Añadir la manzana, la sal, la vainilla y la ralladura de limón y picar bien.
- Mezclar la harina y la tapioca y poner la mezcla lentamente en la picadora hasta obtener una preparación perfecta.
- Añadir los huevos y continuar mezclando.
- Cuando la preparación esté suave, agregar la levadura y volver a mezclar.
- Engrasar y enharinar con harina de arroz una bandeja para hornear con forma de campana.
- Verter la preparación y hornear a 175 °C durante unos 50 minutos.
- Retirar del horno y dejar enfriar.
- Espolvorear la campana con azúcar moreno en polvo.
- Decorar con ramas de melocotón artificiales y con palomas de chocolate negro.

Pastel *caprese*

Ingredientes:
50 g de harina de arroz blanco, 4 cs de margarina vegetal sin gluten, 200 g de azúcar moreno en polvo, 4 huevos, 20 g de cacao amargo ecológico, 150 g de almendras peladas y molidas, 100 g de avellanas trituradas, una pizca sal, 1 cc rasa de vainillina.

- Mezclar la harina, el cacao, el azúcar en polvo y la sal; verter en la picadora, agregar las almendras y las avellanas y mezclar bien.
- Añadir los demás ingredientes e incorporar de nuevo.
- Cubrir una bandeja para hornear con papel sulfurizado, verter la mezcla y hornear a 170 °C durante unos 25 minutos.
- Retirar del horno, dejar enfriar y servir.

Pastel de pera, queso ricotta y chocolate

Ingredientes para 6 personas:
300 g de harina de arroz, 200 g de margarina vegetal ecológica sin gluten, 3 peras medianas, lavadas y cortadas, 200 g de azúcar moreno en polvo, 3 huevos, ¼ de cc de sal, 1 cc de vainillina natural, la ralladura de 2 limones, 1 cc de levadura en polvo sin gluten para postres.

- Poner en la batidora la harina, la sal, la vainillina, la ralladura de limón, el azúcar moreno en polvo y batir durante 1 minuto.
- Añadir las peras y la margarina y mezclar muy bien.
- A continuación, agregar los huevos y proseguir hasta obtener una masa fina.
- Por último, incorporar la levadura en polvo y continuar batiendo de nuevo durante unos minutos.
- Verter en un molde engrasado con margarina vegetal y enharinado con harina de arroz.
- Hornear a 175 °C durante 35 minutos.
- Retirar del horno y dejar enfriar.

Ingredientes para el almíbar:
400 ml de agua, 200 g de azúcar moreno, 150 ml de licor de hierbas, la corteza de 1 limón.

- Hervir en el agua el azúcar moreno y la corteza del limón durante 10 minutos, dejar enfriar, retirar la corteza del limón y añadir el licor.
- Verter el jarabe obtenido en un cazo.

- Cortar el pastel por la mitad a lo ancho, y verter el almíbar sobre las dos partes.
- Poner en una bandeja la parte superior del pastel y la inferior en otra mientras se prepara el relleno.

Ingredientes para el relleno:
400 g de queso ricotta, 150 g de azúcar de caña en polvo, 2 peras lavadas, cortadas en trozos y hervidas al vapor durante 5 minutos, 100 g de virutas de chocolate fondant.

- Mezclar la ricotta con el azúcar de caña.
- Poner en la parte inferior del pastel la crema de ricotta, agregar los trozos de pera y las virutas de chocolate.
- Poner encima la parte superior del pastel y espolvorear con el azúcar moreno en polvo, siguiendo las instrucciones del pastel de Navidad.

Rococó (típico dulce napolitano de Navidad)

Ingredientes para 8-10 personas:

½ kg de harina de arroz blanco, ½ kg de tapioca en polvo, 250 ml de agua, 3 huevos, 1 cc de cacao amargo sin gluten en polvo, 600 g de azúcar moreno en polvo, 700 g de almendras molidas, la ralladura de 3 naranjas, la ralladura de 2 limones, la ralladura de 4 mandarinas, 1 cc de canela en polvo, 1 cc de vainilla (½ para la masa, ½ para las yemas), ½ cc de sal, 2-3 yemas de huevo para pincelar el rococó antes de hornear, 1 cc de levadura sin gluten para postres.

• Mezclar la harina de arroz con harina de tapioca y las almendras y poner en la superficie de trabajo.
• Hacer un hueco en el centro y verter el azúcar moreno en polvo, la sal, la vainilla, la canela, las ralladuras de los cítricos, el agua y los huevos.
• Amasar hasta obtener una mezcla homogénea.
• Formar bastoncitos de alrededor de 3 cm de grosor, unir los extremos y hacer rosquillas dejando un pequeño agujero central.
• Aplastar las rosquillas hasta que tengan 0,5 cm de grosor.
• Batir las yemas de huevo, agregar la vainilla, mezclar y pincelar la superficie de las rosquillas.
• Poner las rosquillas en una bandeja refractaria forrada con papel sulfurizado.
• Introducir en el horno a 175 °C durante 20 minutos.
• Retirar del horno, dejar enfriar y servir.

Buñuelos de arroz

Ingredientes para 5 personas:
½ l de agua, 300 g de harina de arroz blanco, 50 g de margarina vegetal ecológica sin gluten, ½ cc de sal, 5 huevos, la ralladura de 1 limón.

- Verter el agua en una cacerola, agregar la margarina, la sal, la ralladura de limón y llevar a ebullición.
- Añadir la harina y remover enérgicamente para evitar que se formen grumos.
- Apagar el fuego y dejar que la masa se enfríe.
- Agregar los huevos y amasar hasta obtener una mezcla homogénea y sin grumos.
- Forrar una bandeja para hornear grande con papel sulfurizado y poner encima pequeñas bolas de masa formadas con una cucharilla.
- Dejar entre las bolas una separación de al menos 2 cm, debido a que durante la cocción duplicarán su volumen.
- Hornear a 150 °C durante unos 50 minutos.
- Los buñuelos obtenidos se pueden rellenar con crema pastelera o con rellenos salados elaborados con ricotta, *bresaola* y especias.

Bizcocho de harina de arroz

Ingredientes para 6-8 personas:
300 g de harina de arroz blanco molida fina, 50 g de azúcar moreno en polvo, 4 huevos, 100 g de margarina vegetal ecológica sin gluten, 25 g de levadura sin gluten para fermentación lenta, una pizca de sal.

* Derretir la margarina en el fuego, dejar enfriar y añadir la levadura. Remover hasta obtener una preparación homogénea.
* Mezclar el azúcar moreno con la harina y añadir los huevos uno a uno.
* Amasar con energía para que no se formen burbujas.
* Incorporar la levadura en polvo y la margarina y seguir trabajando la masa.
* Dejarla reposar unos 40 minutos en un lugar seco.
* Amasar de nuevo.
* Engrasar y enharinar un molde para bizcochos.
* Verter la masa y dejar que leve durante aproximadamente 1 hora, hasta que doble el volumen.
* Hornear a 220 °C durante 10 minutos, o a 180 °C durante 25 minutos.

Ingredientes para el almíbar:
400 ml de agua, 350 g de azúcar de caña, 150 ml de ron, la corteza de 1 limón.

* Hervir durante 10 minutos el agua, el azúcar y la corteza de limón.
* Dejar enfriar, quitar la piel del limón y añadir el ron.

- Verter el bizcocho en un recipiente grande de lados altos y bañar con el líquido.
- Presionar el bizcocho hasta que absorba todo el líquido.
- Dejar que gotee el resto y colocar en una fuente de servir.
- Se puede decorar con crema pastelera.

Tarta de fruta

Ingredientes para la masa:
300 g de harina de arroz fina, 150 g de margarina vegetal ecológica sin gluten, 1 huevo y 1 yema de huevo, 80 g de azúcar moreno, la ralladura de 1 limón, una pizca de sal.

- Sobre la superficie de trabajo, mezclar la harina y el azúcar moreno con la sal y la ralladura de limón.
- Formar un hueco en el centro de la harina y agregar la margarina ablandada y los huevos.
- Trabajar la masa hasta obtener una pasta suave.
- Estirar la masa con un rodillo.
- Engrasar un molde de tarta y cubrir el fondo y los lados con la masa. Hacer pequeños agujeros en la superficie.

Ingredientes para el relleno:
300 g de mermelada de albaricoque, 3 manzanas reinetas lavadas y cortadas en rodajas.

- Verter la mermelada y extenderla por el fondo de la masa.
- Cubrir la superficie con rodajas de manzana.
- Introducir en el horno precalentado a 175 °C durante 35 minutos.

Tacones de la reina

Ingredientes:

300 g de harina de arroz fina, 200 g de margarina vegetal ecológica sin gluten, 3 manzanas golden medianas, 150 g de azúcar moreno en polvo, 3 huevos, ¼ de cc de sal, 1 cc de vainillina natural, la ralladura de 2 limones, 1 cc de levadura en polvo sin gluten, 400 g de chocolate negro, 40 ml de ron, 20 almendras enteras.

- Poner en la picadora la harina, la sal, la vainilla, la ralladura de limón y el azúcar y triturar durante 1 minuto.
- Añadir las manzanas y la margarina, y mezclar muy bien.
- A continuación, agregar los huevos y proseguir hasta obtener una masa homogénea.
- Por último, incorporar la levadura y amasar de nuevo durante unos minutos.
- Verter en un molde para hornear engrasado con margarina y espolvoreado con harina de arroz y hornear a 175 °C durante 35 minutos.
- Retirar del horno y dejar enfriar.
- Cortar el pastel en rectángulos de alrededor de 3 x 6 cm. Fundir el chocolate negro al baño maría con 30 ml de ron.
- Verter el chocolate en cada porción y decorar con las almendras.

Pastel de arroz con almendras

Ingredientes para 6 personas:
200 g de arroz blanco, 500 ml de leche de soja de vainilla, 50 g de margarina vegetal sin gluten, 180 g de azúcar moreno, la ralladura de 1 limón, la ralladura de 1 naranja, ½ cc de vainilla natural, 4 cs de uvas pasas, 2 huevos, 100 g de almendras molidas gruesas, ½ taza de galletas de arroz picadas.

- Hervir el arroz con la sal durante 5 minutos. Escurrir y proseguir la cocción en la leche de soja añadiendo ¼ de agua.
- Agregar la margarina, la vainilla, las uvas pasas, el azúcar moreno y las ralladuras de limón y de naranja.
- Cuando el arroz esté bien cocido, dejar enfriar y luego incorporar las dos yemas de huevo, las claras montadas a punto de nieve y las almendras trituradas.
- Amasar suavemente la mezcla.
- Engrasar un molde para hornear con margarina y espolvorear con las galletas trituradas.
- Verter la mezcla en el molde.
- Introducir el pastel en el horno precalentado a 180 °C de 30 a 35 minutos.
- Retirarlo del molde y servir caliente.

Tarta delicada

Para 6 personas:

200 g de harina de arroz integral molida fina, 1 cs de margarina vegetal ecológica sin gluten, la ralladura de 2 limones, 1 vaso de zumo de naranja recién exprimido, una pizca de sal, 1 manzana triturada, 2 manzanas cortadas en rodajas (para añadir a la masa al final), 100 g de azúcar moreno, 1 cs de semillas de lino, 8 nueces picadas, 1 cs de semillas de sésamo, 1 cs de piñones, 3 cs de uvas pasas, 4 orejones de albaricoque remojados, 4 ciruelas secas remojadas, 4 higos secos remojados.

- Poner en el vaso de la batidora la harina, el azúcar moreno, la sal, la ralladura de limón y mezclar.
- A continuación, añadir la margarina, el zumo de naranja y la manzana triturada, e incorporar hasta obtener una masa homogénea.
- Agregar el resto de ingredientes cuidadosamente cortados en trozos pequeños.
- Mezclar suavemente, sin reducir a pulpa.
- Verter la preparación en una bandeja refractaria grande forrada con papel sulfurizado.
- Hornear a 180 °C de 50 a 60 minutos.
- Retirar del horno, dejar enfriar y servir.

HELADOS

Helado de avellana

Ingredientes para 6-8 personas:
150 g de crema 100 % de avellanas, 1 taza de arroz blanco hervido pasada por la batidora hasta obtener una crema suave, 700 ml de leche de soja de vainilla, 300 g de azúcar de caña, 50 g de margarina vegetal ecológica sin gluten, 50 g de avellanas picadas.

- Poner en una cacerola 200 ml de leche de soja, la margarina, el azúcar de caña y la crema de avellanas.
- Llevar a ebullición y remover continuamente hasta obtener una mezcla homogénea.
- Poner la preparación en la batidora y añadir la crema de arroz y la leche restante.
- Batir hasta obtener una crema fina.
- Verter en la heladera y accionar hasta obtener un helado perfecto.
- Servir en cuencos y decorar con las avellanas picadas.

Helado de chocolate

Ingredientes para 6-8 personas:
150 g de cacao amargo ecológico en polvo, 700 ml de leche de soja, 300 g de azúcar moreno en polvo, 1 taza de arroz blanco hervido pasado por la batidora hasta obtener una crema fina, 50 g de margarina vegetal sin gluten, 50 g de virutas de chocolate negro, ½ cc de vainilla natural, un puñado de avellanas picadas para decorar.

- Verter en un cazo el cacao y el azúcar moreno y mezclar bien.
- Añadir lentamente los 300 ml de leche de soja, la vainilla y la margarina, y llevar a ebullición a fuego lento, sin dejar de remover.
- Apagar el fuego y verter la leche de soja restante y la crema de arroz.
- Mezclar y verter todo en una batidora hasta obtener una crema fina.
- Poner la preparación en la heladera.
- Cuando se haya formado el helado, incorporar las virutas de chocolate.
- Servir en cuencos y decorar con las avellanas picadas.

Helado a la crema

Ingredientes para 6-8 personas:
1 taza de crema de arroz, 300 g de azúcar de caña en polvo, 3 yemas de huevo, 800 ml de leche de cabra, 100 g de margarina vegetal ecológica sin gluten, la corteza de 3 limones cortada en trozos grandes, ½ cc de vainilla natural, ½ taza de fresas silvestres.

- Derretir en el fuego la margarina y el azúcar de caña con los 300 ml de leche y apagar el fuego.
- Añadir la vainilla, las yemas de huevo, la crema de arroz, la corteza de limón, la leche restante y batir bien.
- Poner al fuego de nuevo y llevar a ebullición sin dejar de remover.
- Dejar enfriar, removiendo con frecuencia.
- Pasar la crema a la heladera hasta obtener un helado de consistencia fina.
- Servir en cuencos decorados con las fresas silvestres.

Zuccotto (tarta helada)

Ingredientes para 8-10 personas:

600 g de helado de avellana (*véase* receta en pág. 169), 600 g de helado de chocolate (*véase* receta en pág. 170), 500 g de bizcocho (*véase* receta en pág. 151), 100 g de virutas de chocolate, 100 g de avellanas picadas.

Ingredientes para el almíbar del bizcocho:

300 ml de ron, 700 ml de agua, 250 g de azúcar moreno, la corteza de 1 limón cortada en trozos grandes.

* En una cacerola, verter el agua y el azúcar moreno y agregar la corteza de limón.
* Llevar a ebullición y cocer a fuego lento durante 10 minutos. Apagar, retirar la corteza de limón y dejar enfriar.
* Retirar el helado del congelador y dejarlo en la nevera al menos 1 hora antes de elaborar el *zucotto*.
* Preparar un molde de bizcocho con forma de media esfera y con los lados muy altos.
* Cortar el bizcocho en rectángulos de 3 x 6 cm y de un 1 cm de grosor.
* Sumergir las piezas de manera rápida en el jarabe de ron, escurrir el exceso de líquido y colocarlas en el molde hasta llenarlo por completo.
* Verter el helado de chocolate y luego las avellanas picadas.
* Cubrir el helado con una capa de bizcocho empapado en el jarabe de ron.
* Poner el helado de avellana, nivelarlo e incorporar las virutas de chocolate.

- Cubrir con otra capa de bizcocho empapado en el jarabe de ron.
- Introducir el *zucotto* en el congelador durante 2 horas.
- Antes de servir, pasar el molde con cuidado por agua caliente para desmoldar la tarta.
- Cortar en trozos y servir.

Granizado de fresa

Ingredientes para 8 personas:
800 g de fresas silvestres lavadas, 400 g de azúcar moreno, el zumo y la ralladura de 1 limón, 250 ml de agua, unas cuantas hojas de menta lavadas y secadas.

- En una cacerola, verter el agua, agregar la ralladura de limón y el azúcar moreno, y llevar a ebullición a fuego lento durante 5 minutos. Dejar enfriar.
- En la batidora, poner el líquido, las fresas, el zumo de limón y batir.
- Pasar a la heladera y accionarla para obtener el granizado.
- Servir en cuencos decorados con una hoja de menta.

Sorbete de mandarina

Ingredientes para 6 personas:
1 kg de mandarinas, ½ pomelo, 200 g de azúcar moreno.

- Verter el azúcar en un cazo con 250 ml de agua y calentar a fuego lento, removiendo hasta que los ingredientes se mezclen bien.
- Llevar a ebullición y cocer a fuego lento durante 5 minutos. Apagar el fuego y dejar enfriar por completo.
- Exprimir el pomelo y la mitad de las mandarinas, rallar finamente la piel de las frutas exprimidas y pelar el resto.
- Separar los gajos e introducirlos en el frigorífico.
- En un cazo, verter el zumo con la ralladura de las mandarinas. Agregar el jarabe enfriado.
- Poner en la heladera y accionarla hasta que se forme el sorbete.
- Servir en cuencos decorados con los gajos.

BEBIDAS

Té bancha

Ingredientes para 3-4 personas:
1 l de agua, 2 cs colmadas de té bancha.

• Poner en un cazo el agua y el té.
• Hervir durante 5 minutos.
• Colar, endulzar y aromatizar con limón o anís estrellado.

Té bancha al melocotón

Ingredientes para 2-3 personas:
150 ml de té bancha, 2 melocotones, 30 g de azúcar de caña, 150 ml de yogur de arroz sin gluten, 10 cubitos de hielo.

• Escaldar los melocotones en agua hirviendo durante unos segundos, pelarlos y retirar los huesos.
• Picar los melocotones junto con el yogur, el azúcar de caña y el té frío.
• Poner la mezcla resultante en una jarra y enfriar en el frigorífico durante 1 hora.
• Picar el hielo en la picadora, ponerlo en vasos y añadir el batido de té de melocotón.
• Servir con una rodaja de melocotón.

Té bancha especiado

Ingredientes para 3-4 personas:
2 cs de ramitas de té bancha, 3 ramas de canela, 3 clavos de olor, 1 trozo pequeño de jengibre fresco de unos 2 cm, 2 estrellas de anís, 100 g de miel, 1 l de agua.

- Verter 1 litro de agua en una cacerola con 2 cucharadas colmadas de té y llevar a ebullición.
- Añadir el trozo de jengibre pelado y cortado en dados pequeños, la canela, los clavos de olor, y el anís estrellado, y cocer a fuego lento durante 23 minutos.
- Apagar el fuego, cubrir y dejar reposar durante 10 minutos.
- Colar el té y verterlo en un vaso.
- Agregar miel y servir.

Zumo de grosellas y plátano

Ingredientes para 2-3 personas:
500 ml de zumo de grosellas sin azúcar, 2 plátanos maduros.

- Poner en la batidora 150 ml de zumo de grosellas, los 2 plátanos pelados y cortados en rodajas y batir hasta obtener una crema homogénea.
- Añadir el zumo de grosellas restante y seguir batiendo.
- Verter en vasos y, si lo desea, agregar hielo.

Batido de zanahorias

Ingredientes para 2 personas:
1 kg de zanahorias ecológicas.

• Lavar y pelar las zanahorias, y eliminar ambos extremos.
• Poner las zanahorias en la licuadora y servir el zumo.

Batido de piña y kiwi

Ingredientes para 2-3 personas:
La pulpa de 1 piña madura, 3 kiwis.

• Pelar la piña y los kiwis y cortarlos en trozos.
• Poner la piña y 2 kiwis en la licuadora.
• Verter el zumo en una jarra y añadir el tercer kiwi en trozos pequeños.
• Servir con un cubito de hielo.

Fichas informativas

Amaranto

Más que una cereal sin gluten es una semilla de la familia *Amaranthaceae*.

Sus proteínas son de altísima calidad y con un alto grado de asimilación. El amaranto es rico en lisina (0,89 %), un aminoácido esencial del que generalmente los cereales no contienen demasiado, especialmente el trigo (0,32 %) y el maíz (0,27 %), y enriquece los platos a los que se les añade. La presencia de lisina y de lecitina hacen del amaranto un alimento tónico para los nervios y el cerebro.

Tiene un alto contenido en calcio, fósforo, magnesio y hierro (este último muy importante para los niños, adolescentes y mujeres, que, por lo general, tienen un mayor gasto de energía). Se reconoce por su color rojo oscuro, llamado precisamente rojo amaranto, y se puede ver crecer en las terrazas y balcones de las casas, donde se cultiva como planta ornamental. Considerado un alimento sagrado por los aztecas y los incas, era la base de su alimentación hace ya 3.000 años. Por esta razón, los españoles, para someter a los pueblos incas y aztecas, decretaron la pena de muerte para los que la cultivaran o comerciaran con sus semillas. Con el exterminio de estos pueblos, el amaranto casi desapareció.

Su fibra es esencial para una salud plena. Gracias a su alto contenido en fibra, el amaranto tiene un efecto beneficioso en la digestión y en las funciones intestinales.

Su ausencia de gluten lo hace especialmente adecuado para aquellos con los intestinos delicados. Su sabor es agradable, tanto solo como acompañando a verduras y cereales. Por lo general, se consume en forma de grano o inflado. Es preferible obtener su harina con un molinillo casero, así se conserva fresca.

Hay que señalar que es una base idónea para las papillas de los bebés, o como sopa para tonificar a convalecientes y ancianos. Es tan versátil que se puede añadir, solo por sus propiedades, a cualquier plato de cereales. Cuando se incorpora al arroz hace que los platos queden crujientes. Agregado al mijo se convierte casi en una crema para acompañar verduras y legumbres.

La semilla de amaranto se cocina de igual modo que otros cereales y se puede utilizar de forma óptima para la preparación de tartas, sopas, postres y croquetas. Si se sirve como acompañamiento, puede convertir comidas sencillas en verdaderas especialidades.

Para los crudistas: las semillas lavadas y remojadas durante la noche se pueden añadir a un muesli fresco y crudo.

Calentándolas brevemente, las semillas de amaranto explotan como palomitas. El amaranto es ligero, fresco y se distingue por un delicado sabor a nuez, por lo que es ideal para el muesli, las galletas y los pasteles.

En las tiendas de alimentos naturales se pueden encontrar barritas sin gluten compuestas por semillas infladas de amaranto, miel, almendras y avellanas.

Setas *shiitake*

Se encuentran generalmente secas. Se venden en tiendas de alimentos naturales. Deben dejarse en remojo durante unos 30 minutos antes de usarlas y es necesario retirar el pie y aprovechar solo el sombrero. Son muy adecuadas para las sopas de verduras o de arroz integral, y son excelentes en los platos de pasta, pescado o carne.

Son muy beneficiosas para los riñones y ayudan a eliminar el exceso de proteína animal.

Kuzu

El *kuzu* original *(Pueraria lobasta)* es una raíz japonesa que crece hasta cerca de un metro de profundidad en la isla volcánica de Hokkaido. Es utilizado por los médicos orientales, pero también por muchos naturópatas occidentales para tratar los resfriados, la debilidad intestinal, el exceso de mucosidad, etc. Es bueno para neutralizar la acidez y para relajar los músculos demasiado tensos. También se utiliza en la cocina como espesante para sopas, salsas, postres y mermeladas. No contiene gluten.

El Kuzu como medicina:
Para curar la diarrea es único, alivia la fiebre, etc., y se prepara siguiendo la siguiente receta:

1 cc de *kuzu*, ½ taza de agua, 3 gotas de *tamari* o una pizca de sal.

Disolver el *kuzu* en agua fría añadiéndolo lentamente. Calentar en el fuego sin dejar de remover hasta que la mezcla se vuelva transparente, añadir sal o *tamari,* remover durante unos segundos y apagar el fuego. El *Kuzu* debe tomarse al menos 20 minutos antes de las comidas, y es muy eficaz cuando se toma por la mañana.

Sal rosa del Himalaya *(la sal cristalina del Himalaya)*

La sal del Himalaya es la mejor sal cristalina. Pura, con sus 84 ingredientes naturales y oligoelementos, es beneficiosa para restaurar el equilibrio y eliminar los residuos que acumulamos consumiendo las sales industriales de cocina. Está libre de los aditivos y las sustancias contaminantes que empobrecen la sal del mar. Contiene la energía que nuestro organismo necesita.

La sal cristalina natural es la sal de los mares primordiales en donde se originó. Debido a la energía de la luz, el mar primordial se secó hace más de 250 millones de años. Ahora extraemos este «alimento de la vida» de la tierra.

Con la sal cristalina nuestro organismo asimila a diario todos los elementos de los que está compuesto.

Con la sal cristalina podemos producir la solución hidrosalina para autorregularnos y regenerar el organismo.

Los efectos beneficiosos de la sal cristalina del Himalaya:

La sal del Himalaya puede curar diversos trastornos de salud y ayuda en las siguientes enfermedades:

- Requilibra el pH natural cutáneo y alivia las enfermedades de la piel.

- Tiene un efecto antienvejecimiento y reafirmante de la piel, alivia las alergias, las enfermedades respiratorias y los resfriados.
- Contribuye a la higiene bucal y dental.
- Alivia las enfermedades oculares.
- Alivia las enfermedades renales.
- Es beneficiosa para los trastornos ginecológicos.
- Alivia los trastornos digestivos.
- Alivia las enfermedades reumáticas.
- Es buena para la gota, la artritis, la artrosis, la ansiedad, los problemas de concentración y los trastornos del sueño.

La sal cristalina del Himalaya se utiliza como sal de mesa y como base para la preparación de la solución hidrosalina.

Con la sal cristalina del Himalaya se puede producir solución hidrosalina para:

- Mantener o recuperar la salud.
- Contribuir al propio bienestar.
- Recuperar el equilibrio mental y físico.
- Expandir la conciencia.
- Consumir una fuente inagotable de energía.

La sal es la clave para cada mínimo proceso en nuestro organismo.

Sin sal no podríamos vivir, respirar o formular cualquier pensamiento.

La sal y el agua son los alimentos básicos, sustancias que están en el origen de nuestra formación miles de años atrás. El ser humano contiene más del 70 % de agua.

Nuestra vida nace en el líquido amniótico de nuestra madre, a una temperatura de 37 °C y en una mezcla de agua y sal al 1% llamada solución hidrosalina.

Nuestra sangre contiene un 90% de agua y es en sí misma una solución hidrosalina idéntica al mar primordial. Esta solución discurre por más de 90.000 kilómetros a través de nuestro organismo y proporciona por ósmosis el mantenimiento de nuestras funciones vitales.

Semillas oleaginosas

Las semillas, las nueces y las almendras son una buena fuente de proteínas. Son una característica indispensable de la cocina macrobiótica y vegetariana, y también se utilizan en la cocina mediterránea.

Semillas de lino, información nutricional

Unos 100 g de semillas de lino contienen: 37 g de fibra, 22 g de ácidos grasos omega-3 y 350 mg de magnesio. Además, las semillas de lino contienen fitoesteroles, ácidos fenólicos y ácido fítico.

Las semillas de lino son ricas en ácidos grasos omega 3, saludables para el corazón y pueden ayudar a reducir el colesterol. Los ácidos grasos omega-3 pueden aliviar las inflamaciones.

Unos 100 g de semillas de lino proporcionan más de 26 g de proteína, alrededor de dos tercios de las necesidades diarias de un adulto.

También son ricas en aminoácidos, importantes para el buen funcionamiento del hígado y los riñones. Contienen una buena dosis de hierro y zinc, por lo que es recomendable consumirlas junto con frutas ricas en vitamina C, que ayuda a la absorción de estos minerales.

Las semillas de lino son la fuente alimentaria más rica de los compuestos fitoquímicos conocidos como lignanos.

De los aproximadamente cien tipos de lignanos, solo dos actúan como fitoestrógenos. Los lignanos son antioxidantes y protegen de los daños causados por los radicales libres. Se ha demostrado que los lignanos tienen actividad antitumoral. Estudios científicos han demostrado que la soja y las semillas de lino incluidas en la dieta de las mujeres durante la menopausia pueden aliviar los síntomas asociados a ella.

Se puede agregar semillas de lino a los cereales para el desayuno, a las cremas de cereales o a las ensaladas; se añaden a la masa de pan, a los pasteles y a las galletas caseras. Unos 10 g (una cucharadita) son suficientes para cubrir las necesidades diarias de ácidos grasos omega-3 y para regular los intestinos.

Semillas de sésamo

Una cucharada de semillas de sésamo pesa 12 g. Unos 100 g de semillas de sésamo contienen: 7,9 g de fibra, 350 mg de magnesio y 670 mg de calcio.

Las semillas de sésamo son una fuente importante de ácidos grasos poliinsaturados y vitamina E, un antioxidante. El aceite de sésamo ejerce una fuerte acción antioxidante gracias al sesaminol, un tipo de lignano termoestable. Las semillas de sésamo son una fuente clave de ácido fítico, una sustancia que se encuentra en la parte fibrosa (es decir, en las capas externas) de semillas, cereales y legumbres. El ácido fítico tiende a unirse a ciertos minerales, como el hierro, haciéndo que resulten difíciles de asimilar por el organismo. Esto puede suponer una ventaja, ya que un exceso de hierro en los intestinos puede causar un aumento de los radicales libres.

Las semillas tostadas se pueden utilizar en la preparación doméstica de panes y pasteles, se pueden añadir a los cereales para el desayuno, así como a las ensaladas y a los platos de arroz.

Como la miel, las semillas de sésamo se consideran excelentes estimulantes del vigor sexual.

Pipas de girasol peladas

Contienen proteínas, vitamina B y minerales. También son ricas en grasas poliinsaturadas.

Después de pelarlas enseguida se ponen rancias, por lo que es bueno consumirlas tan pronto como sea posible. Un consumo regular de pipas de girasol ayuda a combatir la depresión, la fatiga, la irritabilidad. Los que fuman podrían tratar de comer pipas en lugar de encender un cigarrillo.

Están indicadas para la fatiga, los trastornos sexuales y el estrés.

Pipas de calabaza peladas

Contienen una buena cantidad de zinc, hierro y calcio, proteínas y vitaminas del grupo B. En la medicina tradicional de muchos países, especialmente en Europa, las pipas de calabaza tienen la reputación de estimular la función sexual masculina y de proteger la próstata.

Para problemas de próstata, he aquí una receta rusa: en un litro de agua hervir a fuego lento 100 g de pipas de calabaza durante 20 minutos. Tomar un vaso de la infusión 3 veces al día.

Están indicadas para la fatiga, la menstruación y la concepción, el cuidado de la piel y el estrés.

Nueces

Las nueces son una de las semillas más nutritivas, ya que contienen poca agua (3-4 %). Tienen un buen nivel de aceite (60 %), de proteína (20 %), vitamina E, calcio, hierro y zinc. Las nueces a menudo se consideran un buen alimento para el cerebro.

Almendras

Las almendras están literalmente repletas de nutrientes. Contienen una gran cantidad de grasa (hasta el 60 %), por lo que son muy calóricas: 100 gramos tienen cerca de 600 calorías.

Las almendras son ricas en aceites poliinsaturados, proteínas (20 %), potasio, calcio, hierro, zinc y vitamina E. Las almendras también contienen un poco de amigdalina, más conocida como laetrilo, lo que les ha brindado la reputación de alimento anticancerígeno.

Las almendras tienen una alta proporción de arginina-lisina, por lo que no se deben comer si se tiene predisposición al herpes labial o a las infecciones herpéticas; la arginina, de hecho, estimula la activación del virus.

Tofu

Tanto el tofu como el *tempeh* no tienen equivalente en la cocina mediterránea. El tofu es de origen chino. Es una proteína vegetal, que no contiene gluten. El tofu al que se refiere este libro es el natural de soja ecológica no genéticamente modificada. Es el resultado de un particular proceso de cocción de la soja amarilla, reducida a crema, colada y después cuajada con *nigari*, un compuesto principalmente de cloruro de magnesio. El procedimiento para obtener tofu de la soja es similar al usado para conseguir queso de la leche. El tofu es también llamado incorrectamente «queso de soja». Se presenta en color blanco y en porciones rectangulares. Tiene una textura suave y se vende fresco y su caducidad es breve, y en agua con una fecha de caducidad más amplia. El tofu es un alimento de fácil digestión y asimilación.

Se trata de una proteína utilizada en particular por vegetarianos y macrobióticos. Constituye una buena fuente para obtener proteínas (en sustitución de la proteína animal) y lo pueden tomar los niños (preferiblemente después de los tres años de edad), adultos y ancianos.

En la cocina se puede usar de varias maneras. No debe consumirse todos los días, ya que tiende a ser yin. El tofu no tiene ningún sabor particular, por lo que es adecuado para añadirlo a vegetales y otros sabores también fuertes, como las alcaparras, el *miso* de arroz, las anchoas, etc. El tofu tiene la característica de que absorbe los sabores de los ingredientes con los que se combina. Es excelente en guisos, a la parrilla, hervido, en ensalada, frito, salteado con verduras, marinado, en revueltos de huevos y cocinado con salsas.

El tofu tiene importantes características beneficiosas para la salud: no contiene colesterol; de hecho, facilita la eliminación de los depósitos de grasa; tiene pocas calorías y pocas grasas saturadas. Las proteínas del tofu son de la más alta calidad por su digestibilidad y por ser muy ricas en importantes aminoácidos, como la lisina, poco presentes en los cereales.

El tofu blanco natural no contiene gluten; en cambio, al preparado en forma de croquetas a veces se le añade gluten (pan rallado, *shoyu*), y también el preparado ahumado y el asado a la parrilla contienen gluten.

Umeboshi o ciruelas saladas, *shiso* (producto fermentado)

Son ciruelas japonesas *(Prunus mume)* que se recogen sin madurar y luego se secan al sol y se ponen en sal para que envejezcan de seis meses a quince años. Estas últimas tienen un sabor muy delicado. Junto con las ciruelas, también se salan hojas de *shiso*, que presentan un bello color violeta. Las *umeboshi* prácticamente nunca se deterioran. Cuando más tiempo pasan en salazón, más aumenta su poder beneficioso. Se pueden conservar de manera segura durante décadas. Hay *umeboshi* de más de un siglo de antigüedad cuya carne es tan transparente que se puede ver el hueso. Las *umeboshi,* para garantizar su eficacia, deben curarse en sal durante al menos tres años. En algunos casos especiales, a nivel terapéutico, resultan aún más eficaces envejecidas durante un período que oscila entre siete y diez años. Su calidad depende de los siguientes factores: la variedad de las ciruelas, lo natural que sea la sal y la elección apropiada de las hojas de *shiso* utilizadas en el proceso de curado.

Este producto ha sido ampliamente utilizado en la farmacología japonesa y es muy útil para resolver problemas de acidez de estómago, calambres y dolores de cabeza; es coadyuvante en la disentería, mejora la resistencia física, acaba con el estreñimiento gracias al ácido péptico que contiene, limpia la sangre y el hígado, etc.

Entre todos los tipos de frutas existentes, la *ume* es la más rica en nutrientes. Contiene proteínas, calcio, fósforo, hierro, y algunos ácidos orgánicos tales como ácido cítrico, málico, succínico y tartárico.

Referencias bibliográficas

Gosset, M.: *I dolci con la frutta*. De Vecchi, Milán, 2001.

Hendel, B. y Ferreira, P.: *Acqua e sale*. Ina Verlag, Barr, Suiza, 2001 (distribuido por Macro Edizioni).

Limatora, G.: *Antica Cucina Napoletana*. Lito-Rama Edizioni, Nápoles.

Lombardi, D.: *Studio sulla Celiachia*. Departamento de Medicina, Hospital Cristo Rey, Roma, www.gastronet.it

Naboru, M.: *Il medico di se stesso*. Feltrinelli, 1990.

Pappalardo, G.: *Na' 'Ziria*. Terra del Sole Edizioni, Meiuri, 2002.

Tranfaglia, T.: *Celiaquía, intolerancias y alergias alimentarias*. Obelisco, Barcelona, 2016.

Usbio, M. D.: *Ume Boshi*. Happiness Press, 1992.

VV.AA.: *Il meglio della cucina Italiana*. Giunti, Florencia-Milán, 2006.

Sitios web

http://www.andrews.edu/NUFS/essentialfat.htm
http://www.scienzavegetariana.ithnedici/acidigrassi.html

Índice

FICHAS INFORMATIVAS

REFERENCIAS BIBLIOGRÁFICAS

La ciencia ha demostrado la importancia que las alergias y las intolerancias alimentarias tienen en muchas patologías, como, por ejemplo, la celiaquía o la intolerancia permanente al gluten, una enfermedad cada vez más difundida que, de no tratarse, puede provocar daños muy graves en el organismo.

Celiaquía, intolerancias y alergias alimentarias nace precisamente de la voluntad de ayudar a quienes, afectados por esas dolencias, desean disfrutar de unos manjares deliciosos, realizados con ingredientes biológicos, que contribuyen a que el organismo recupere el equilibrio y la fuerza perdidos. Los alimentos preparados sin gluten y sin las proteínas de la leche de vaca, los huevos, la carne de cerdo, el azúcar blanco, levaduras, etc., te ayudarán a seguir fácilmente las indicaciones del homeópata y del homotoxicólogo, así como las que sugieren las pruebas de intolerancia alimentaria. Por fin podrás saborear una estupenda porción de pizza, un cremoso helado o unos delicados buñuelos.

KIMBERLY A. TESSMER

Dime qué comer si soy celiaco

Incluye «últimas investigaciones» y deliciosas recetas para dietas sin gluten

Dime qué comer si soy celiaco es un libro divulgativo, no técnico, pensado para servir de guía a los celiacos, y para que puedan comprender mejor lo que es seguir una dieta sin gluten. La obra empieza con una perspectiva sencilla y clara de la enfermedad y también de la dieta, y sigue con avisos prácticos, sabrosas recetas y valiosa información.

Este libro, que forma parte de la famosa serie americana Dime qué comer, contiene:

- Una guía de alimentación fácil de seguir, junto a la más actual información acerca de las dietas sin gluten.
- Las últimas noticias e investigaciones sobre las leyes de etiquetado de alimentos relacionados con el gluten.
- Recetas y consejos de la mano de los propios expertos: los celiacos.

Alimentación
sin gluten **ni** lácteos
¡Recupere la salud perdida!

Marion Kaplan

¿Y si el cansancio, la hinchazón, la depresión, el insomnio, la poliartritis, las alergias, la sinusitis, los sofocones, el sobrepeso, la migraña o los problemas de piel fueran consecuencia de una intolerancia alimenticia?

Con este libro, entenderás por qué determinados alimentos pueden perjudicar nuestra salud mientras que otros, por el contrario, favorecen a una salud óptima y a un estado de bienestar continuo y descubrirás cómo reconocer los alimentos que debes evitar y cuáles son ideales para tu sistema.

Marion Kaplan, bionutricionista y especialista en medicinas energéticas, es autora de diez libros sobre alimentación. Fue alumna de la reconocida doctora Kousmine. Ha hecho diversas investigaciones sobre el significado y el sentido de las enfermedades que la han llevado a realizar estudios más precisos y detallados sobre la función y la influencia de la alimentación en la enfermedad y la salud.